Elisabeth Mittelstädt

Ein Hauch vom Himmel

Über die Herausgeberin

Elisabeth Mittelstädt hat die Frauenzeitschrift *LYDIA* (www.lydia.net) gegründet und war 27 Jahre Chefredakteurin und Herausgeberin dieses Magazins. Darüber hinaus ist sie Autorin und Herausgeberin mehrerer erfolgreicher Bücher.

Elisabeth Mittelstädt (Hrsg.)

Ein Hauch vom Himmel

Getröstet in Zeiten der Trauer

GerthMedien

Inhalt

Auf der Reise durch das Tal des Todesschattens

Wenige Verluste schmerzen so sehr wie der Tod eines geliebten Menschen. Trauer ist zweifellos eines der schmerzlichsten Gefühle, die wir im Leben erfahren. Und doch ist Trauer die einzig gesunde Reaktion auf Verlust. Sie ist Gottes Weg, um uns durch Phasen der Veränderung hindurchzuführen.

Wie ermutigend sind Davids Worte in dem bekannten Psalm 23: „Und wenn ich auch wanderte durchs Tal des Todesschattens, so fürchte ich kein Unglück, denn du bist bei mir; dein Stecken und dein Stab, sie trösten mich."

David wanderte durch sein Leben und ging dabei unausweichlich auf den Tod zu. Das Tal des Todesschattens war ein vorübergehender Abschnitt auf seinem Weg; er plante nicht, sich dort niederzulassen. Er wanderte durch das Tal hindurch auf die andere Seite.

Ich selbst habe zum ersten Mal als kleines Mädchen gesehen, wie ein Mensch diese Welt verließ und durch das Tor der Herrlichkeit geleitet wurde – mein geliebter Großvater. Später folgten meine zwei ungeborenen Kinder, meine Eltern und meine Schwester. Seitdem ist der Himmel meinem Herzen sehr nah. Im Laufe der Jahre stand ich selbst mehr als einmal an der Schwelle des Himmels, doch aus irgendeinem Grund wurde ich wieder zurückgeschickt. Meine Zeit war noch nicht gekommen.

Geliebte Menschen zu verlieren hat mir die Augen geöffnet: Auf einmal sah ich diese Welt aus einer anderen Perspektive, in ein anderes Licht getaucht. Und mir wurde klar, dass die Trauer eine Reise ist. Oft dachte ich, ich sei am Ziel angekommen – nur um kurz darauf erneut von einer tiefen Traurigkeit erfasst zu werden. Also ging ich wieder auf altbekannten Wegen, auf denen ich bereits zuvor gewandert war. Wir können nicht bestimmen, wie viel Zeit wir für den Trauerprozess benötigen. Das ist für jeden von uns unterschiedlich. „Trauer ist wie ein langes, gewundenes Tal. Jede Biegung enthüllt eine neue Landschaft, manchmal allerdings ist auch das Gegenteil der Fall. Dann steht man vor einer Landschaft, die man schon lange hinter sich glaubte", hat C. S. Lewis einmal gesagt.

Christen sind nicht von der Trauer ausgenommen. Noch nicht. Auch wir sind geschockt; haben das Gefühl, dass unser Herz zerbricht; haben viele Fragen; suchen Trost. Wir sehnen uns nach der Gewissheit, dass der Verlust einen Sinn hat, der über unseren Schmerz hinausgeht.

Als Jesus Maria und Marta weinen sah, weil ihr Bruder gestorben war, tadelte er sie nicht dafür, dass sie weinten. Er erinnerte sie auch nicht daran, dass Lazarus es jetzt viel besser habe. Stattdessen war er so bewegt von den Auswirkungen, die der Tod auf die Menschen hatte, dass auch er weinte. Was ist unglaublicher: ein Mann, der die Toten auferweckt, oder ein Gott, der weint? Diese Szene erinnert mich daran, dass Jesus mit uns weint, wenn wir Leid tragen.

Mein Gebet ist, dass diese wahren Geschichten Sie zu einem tieferen Verständnis führen, wer Gott ist. Sein Plan, die Welt zu erlösen und uns den Weg zum Himmel zu öffnen, beinhaltete den Tod seines eigenen Sohnes. Mir hilft es zu wissen, dass selbst Jesus mit dem Plan des Vaters zu kämpfen hatte, obwohl er sich ihm unterordnete.

Das Ziel dieses Buches ist es, eine Reihe von Wegweisern aufzustellen, mit deren Hilfe Sie Ihren eigenen Weg durch die Trauer zu neuem Leben finden können. Es ist ein Trauerbuch, aber es ist nicht traurig, denn wir trauern, aber nicht ohne *Hoffnung*. Für Christen kommt hinter dem Tod kein Punkt und auch kein Fragezeichen, sondern ein Doppelpunkt: Das Leben geht bei Gott weiter.

Auf den folgenden Seiten erzählen die Autoren, wie sie ihren Schmerz zugelassen haben und der Verlust ihre Seele weich gemacht hat. Zwischen den Geschichten finden Sie eine ganze Reihe Texte, Kommentare und Tipps von mir (gekennzeichnet durch gepunktete Linien). Auf der Suche nach Trost und Antworten auf schwierige Fragen vertiefte ich mich in Gottes Wort und entdeckte kostbare Schätze.

Trauer ist harte Arbeit und doch brauchen wir sie nicht alleine zu bewältigen. Wenn wir mit jemandem zusammen weinen, ist das sogar heilsamer, als wenn wir alleine weinen. Wie in der Geschichte des kleinen Mädchens, das später nach Hause kam, als die Mutter erwartet hatte. Als die Mutter nach dem Grund der Verspätung fragte, antwortete das Kind:

„Ich habe Julia geholfen. Ihre Puppe ist kaputtgegangen."

„Hast du ihr geholfen, sie zu reparieren?", fragte die Mutter.

„Nein", antwortete das Kind, „ich habe ihr geholfen zu weinen."

Die Geschichten in diesem Buch können Ihnen helfen zu trauern und Ihnen Worte geben für Ihren eigenen Schmerz. Lassen Sie sich an die Hand nehmen und durch den Schmerz hindurchführen – geradewegs zum Herzen Gottes.

Ihre Elisabeth Mittelstädt

„Herr, lass mich erkennen, wie kurz mein Leben ist und wie viel Zeit ich noch habe; wie vergänglich bin ich doch! Wie begrenzt ist das Leben, das du mir gegeben hast! Ein Nichts ist es in deinen Augen! Jeder Mensch, selbst der stärkste, ist nur ein Hauch, der vergeht."
Psalm 39,5–6 (Hoffnung für alle)

KAPITEL 1

Ein kurzer Besuch

Abschied nehmen von einem Baby

Der Tod eines Kindes bricht Eltern das Herz. Nur jemand, der dies selbst erlebt hat, kann den Schmerz einer Mutter verstehen, die sich nach einem Kind gesehnt hat, doch schon nach kurzer Zeit Abschied von ihm nehmen muss.

Dieser Schmerz geht sehr tief. Nachdem die Mutter ihr Baby für kurze Zeit im Bauch oder in ihren Armen getragen hat, ist plötzlich die Trennung da. Die Eltern bekommen nie die Chance, ihr Baby richtig kennenzulernen. Und doch sind ihre Träume und Hoffnungen für das Kind bereits ein Teil ihres Lebens geworden. Sie verlieren nicht nur ihr Kind, sondern auch die Freude, es aufwachsen zu sehen.

Hoffnung ist das Einzige, das in solchen Momenten vor dem Abgrund der Hoffnungslosigkeit bewahren kann. Hoffnung ist wie eine goldene Schnur, die uns mit dem Himmel verbindet. Je mehr wir an dieser Schnur festhalten, desto stärker spüren wir, dass Gott selbst unsere Last trägt.

Himmelskind

Wenn der Tod vor der Geburt kommt

Dale Hanson Bourke

„Können wir uns noch ein bisschen zusammenschnuckeln, Mami?“, fragte mein vierjähriger Sohn Chase, als ich ihn ins Bett brachte.

„Versuchen wir's“, meinte ich und manövrierte meinen riesigen Bauch in das Kinderbett. Das Bett antwortete mit einem protestierenden Knarren, als ich mich neben meinem Sohn niederließ. Chase machte mir Platz, legte sein Ohr an meinen Bauch und lauschte.

„Sie reden da drinnen, Mami“, sagte er mit einem Augenzwinkern. Dann flüsterte er meinem Bauch zu: „Zeit zum Schlafen, ihr Zwillinge!“ Er küsste meine Wölbung zweimal, dann kroch er noch näher an mich heran und schlang seine Arme um mich.

Ich umarmte ihn auch, froh, dass er meine Schwangerschaft so positiv aufnahm. Ich war fest entschlossen, möglichst viele unserer Gewohnheiten beizubehalten, damit er sich nicht verdrängt fühlte oder eifersüchtig wurde. Mir war klar, dass zwei Babys für unseren Erstgeborenen viele Veränderungen mit sich bringen würden. Es war die Aussicht auf Zwillinge, die mir am meisten Sorgen machte. Wie sollte ich noch Zeit finden, Chase die Aufmerksamkeit zu schenken, die er brauchte, wenn ich mich um die Bedürfnisse von zwei Neugeborenen kümmern musste?

Chase sagte sein Abendgebet, während ich zuhörte. „Segne Mami und Papi und die Zwillinge auch“, murmelte er. Ich wunderte mich über die Fähigkeit meines Sohnes, zwei Geschwister zu akzeptieren, die er noch nie gesehen hatte.

Später lag ich in meinem eigenen Bett und konnte nicht schlafen, weil ich die Bewegungen von vier winzigen Armen und Beinen spürte. Bisher hatte ich mein Leben so sorgfältig geplant. Sogar diese Schwangerschaft entsprach meinem Zeitplan, denn so hatte Chase genügend Zeit gehabt, um sich geborgen zu fühlen, aber noch keinen zu großen Altersabstand zu den Babys. Ich nahm an, dass Gott zustimmend auf mich herablächelte, weil ich alles so gut arrangiert hatte – in der Illusion, alles im Griff zu haben.

Während ich auf den Schlaf wartete, dachte ich an die ersten Tage meiner Schwangerschaft zurück. Als eine Freundin Chase gefragt hatte, ob er sich eine Schwester oder einen Bruder wünsche, hatte er zuversichtlich geantwortet: „Ich möchte eine Schwester *und* einen Bruder." Dann hatte er hinzugefügt: „Und noch einen Hund!"

Mein Mann und ich hatten gelacht und ihm erklärt, dass er einen Bruder *oder* eine Schwester bekommen würde, und ein Hund käme überhaupt nicht infrage.

Einen Monat später ergab eine Ultraschalluntersuchung, dass zwei Babys in meinem Bauch waren. Mein Mann und ich schauten uns erschrocken an. All das Gerede über Familienplanung erschien uns auf einmal lächerlich. Die Möglichkeit von Zwillingen hatten wir nie in Betracht gezogen. Doch als wir die beiden winzigen Babys auf dem Monitor sahen, liebten wir sie sofort. Wir waren überwältigt von dem Wunder ihrer Erschaffung und gedemütigt von unserer Unfähigkeit, unser Leben selbst zu kontrollieren.

Als wir Chase erzählten, dass wir wirklich zwei Babys bekommen würden, schaute er uns an und sagte: „Ich weiß. Einen Bruder und eine Schwester." Wir versuchten, ihm zu erklären, dass dies Gott allein wusste, aber Chase war sich seiner Meinung sicher.

Monate vergingen, dann sagte der Arzt: „Mir scheint, die

Zwillinge sind ein Junge und ein Mädchen." Wir fanden es aufregend, dass Chase recht behalten sollte. Er nahm das als ganz selbstverständlich und wunderte sich nur, dass wir so lange gebraucht hatten, um dies herauszufinden.

Während mein Mann und ich planten und vorbereiteten und uns Gedanken über unsere Familie machten, die so sprunghaft anwuchs, nahm Chase diese Tatsache ruhig zur Kenntnis und begann, Spielsachen und Kleidungsstücke, aus denen er herausgewachsen war, im Kinderzimmer in zwei Häufchen zu ordnen.

Mein Mann und ich ersetzten unser kleines Auto durch einen großräumigen Wagen und berechneten den voraussichtlichen Windelverbrauch. Abends im Bett diskutierten wir stundenlang über Nebensächliches („Sollen wir die Zwillinge gleich anziehen?") und Wichtiges („Wird Chase sich als Außenseiter fühlen, wenn die Zwillinge zusammen aufwachsen?"). Ich las Bücher über die Eifersucht von Kleinkindern und versuchte, Chase so viel wie möglich an meiner Schwangerschaft teilhaben zu lassen. Er kam so gern mit in die Arztpraxis und beobachtete auf dem Monitor, wie sich die Babys streckten und bewegten. Die Arzthelferin gab ihm ein Ultraschallbild, auf dem es aussah, als winke das Baby-Mädchen ihm zu. Er zeigte es allen seinen Freunden.

Wir waren froh, dass Chase alles so fröhlich hinnahm, sogar, als mein Bauchumfang so groß geworden war, dass ich nicht mehr mit ihm auf dem Boden sitzen konnte, um zu spielen, oder an seinem Bett knien konnte, wenn er betete. Und wir waren von Herzen dankbar, dass es mir während der Schwangerschaft gut ging und dass es keine Komplikationen gab.

Als ich den achten Monat erreichte, seufzten wir erleichtert auf. Unsere größte Sorge war gewesen, dass die Babys zu früh auf die Welt kommen würden, um lebensfähig zu sein. Aber der Arzt versicherte uns, dass unsere Babys wunderbar gediehen und nun groß genug seien, um die Entbindung gut zu überstehen. Chase begann zu beten: „Lass bitte unsere Zwillinge bald zur Welt kommen!", worauf ich ein überzeugtes „Amen" sagte.

An einem heißen Augusttag fuhr ich wieder einmal zur Arztpraxis. Trotz meines enormen Gewichtes fühlte ich mich leicht und froh. Der erste Schreck war längst vergangen und ich hatte mein ganzes Organisationstalent auf die bevorstehende Geburt konzentriert. In Gedanken ging ich meine Checkliste durch, denn ich wusste, dass die Babys jederzeit kommen konnten und ich bereit sein musste.

Doch auf das, was in der nächsten Stunde geschah, war ich nicht vorbereitet. So oft war ich in der Arztpraxis gewesen, dass ich mich dort schon wie zu Hause fühlte. Ich scherzte mit den Arzthelferinnen und durchlief dann die vertraute Prozedur. Aber an diesem Tag war irgendetwas nicht wie sonst. Die Arzthelferin runzelte die Stirn, als sie die Herzschläge der Babys abhören wollte. Die Herzschläge des Jungen waren wie immer stark und gleichmäßig. Doch als sie das CTG auf die andere Seite meines Bauches lenkte, war da Stille. „Wach auf", drängte ich das Baby, denn ich dachte, es befände sich in einer ungewöhnlichen Stellung und das Gerät könne deshalb die Herzschläge nicht orten. Eine weitere Arzthelferin kam dazu. Auch sie suchte und sagte dann mit Tränen in den Augen: „Ich muss sofort mit dem Arzt sprechen!"

Lange Zeit lag ich allein in dem Raum und flehte zu Gott, dass es ein Fehler des Apparates oder ein Irrtum der Arzthelferinnen sein möge. Ich bat um ein Wunder. Als mir endlich aufging, was vermutlich die harte Realität war, betete ich um Schutz für das andere winzige Lebewesen in mir.

Während der nächsten Stunden folgten Untersuchungen, Gespräche mit Ärzten und Dutzende von Fragen. Mein Mann war in einer Sitzung und ich konnte ihn nicht erreichen.

Nachdem ich endlich die Arztpraxis verlassen hatte, fuhr ich lange Zeit mit dem Auto durch die Gegend. Ich fühlte mich unfähig, zu Hause das Kinderzimmer zu betreten, wo es alle Babysachen in doppelter Ausführung gab, und meinem Sohn gegenüberzutreten. Wie sollte ich ihm diesen Verlust erklären? Wie sollte ich ihm helfen zu verstehen, was ich selbst nicht verstand? Wie sollte ich ihm erklären, dass wir zwei kostbare Geschenke erhalten und eins davon nun wieder verloren hatten?

Als mein Mann nach Hause kam, weinten wir zusammen, betrauerten den Verlust eines Babys, von dessen Existenz wir einige Monate zuvor noch gar nichts gewusst hatten. Dann nahmen wir uns so gut wir konnten zusammen, um es unserem Sohn zu sagen.

„Chase", begannen wir, als wir zu dritt am Bettrand in unserem Schlafzimmer saßen, „du weißt, dass wir dir gesagt haben, dass Mami zwei Babys nach Hause bringen würde. Es ist etwas passiert und nun wird Mami nur ein Baby nach Hause bringen."

Sofort sah Chase sehr besorgt aus. „Warum?", fragte er. „Was ist passiert?"

„Eins der Babys ist gestorben", sagte ich sanft.

Chase begann zu weinen. „War es mein Bruder oder meine Schwester?"

„Deine Schwester", sagte ich und begann selbst zu weinen. Ich merkte, dass ich in meiner Vorstellung schon ein Familienfoto gesehen hatte, auf dem Chase seinen Arm um seine kleine Schwester legte.

Lange umarmten wir uns weinend und versuchten zu verstehen, wie wir dieses kostbare kleine Leben so plötzlich hatten verlieren können. Nach einiger Zeit schaute Chase mich an und fragte: „Mami, kann ich dann das nächste Mal eine kleine Schwester haben?“ Ich drückte ihn und sagte: „Wir werden sehen, Chase.“

Drei Wochen später brachte ich einen gesunden kleinen Jungen nach Hause. Tylers Gegenwart half, den Schmerz zu lindern, und ich betete, dass Chase seine kleine Schwester schnell vergessen würde; hatte er sein Gebet doch gleich abgeändert von „Segne die Zwillinge“ zu „Segne meinen kleinen Bruder“.

Doch wieder einmal hatte ich meinen Sohn unterschätzt. Als Tyler drei Monate alt war, kam Chase eines Tages zu mir, umarmte mich und sagte: „Mami, ich wünschte, meine kleine Schwester wäre nicht gestorben.“ Ich zog ihn eng an mich und erkannte traurig, dass er vielleicht ebenso oft an sie dachte wie ich. Wir sprachen miteinander über dieselben Fragen, die auch ich mit mir herumtrug. Dann sagte Chase: „Sollten wir ihr nicht einen Namen geben, Mami?“

Seine Frage überraschte mich. Mein Mann und ich hatten oft darüber gesprochen, aber aus irgendeinem Grund hatten wir nie einen Namen festgelegt. Es kam uns seltsam vor, ein Kind zu benennen, das wir nie gekannt hatten. Und vielleicht hatten wir Angst, dadurch noch mehr an unseren schmerzlichen Verlust erinnert zu werden.

„Wie möchtest du, dass sie heißt?“, fragte ich Chase.

„Johanna“, antwortete er ohne Zögern. „Wir sollten sie Johanna nennen!“

Ich weiß nicht, wo er diesen Namen gehört hatte und warum er sich das so sehr wünschte. Aber es war passend, dass unser Sohn, der an die Existenz seiner Schwester lange vor uns geglaubt hatte, ihren Namen bestimmen und ihr einen Platz in unserer Familie geben durfte.

Gott hat Johannas kurzes Leben dazu benutzt, um uns einiges über unseren Glauben zu lehren. Sie wird für uns immer eine echte Person sein, auch wenn wir sie nie in den Armen halten durften. Und als ich meinen Erstgeborenen küsste und ihn eng an mich zog, wurde mir wieder einmal klar: Gott hat mich nicht nur zu einer Mutter gemacht, damit ich andere lehre, sondern damit ich auch selbst etwas lerne.

An mein ungeborenes Kind
Linda Schaible

Ehe du dich entpuppen konntest,
flogst du davon,
mein kleiner Schmetterling,
und lässt mich zurück,
stumm vor Schmerz
und unerfülltem Glück,
voller Trauer
um deinen Verlust,
voller Hoffnung,
dich liebevoll in meine Arme
zu schließen,
eines Tages
in einem anderen Leben.

Deine Mama

Sehnsucht nach dem Himmel

Das eigene Kind zu Grabe tragen

Regina Keil

Gespannt warteten unsere Kinder auf die Ankunft des Babys. Immer wieder betrachteten sie die Ultraschallbilder und streichelten den runder werdenden Mamabauch. Endlich hatte das Warten ein Ende: David, „der Geliebte", war da. Real, für alle zum Anfassen. Seine winzigen Hände wollten gestreichelt und diese weiche Haut geknuddelt werden. Und wie gut er roch! Wenige Stunden nach der Geburt lag er auf dem großen Familienbett, umringt von seinen Geschwistern, geliebt, bestaunt und willkommen geheißen – eben zu Hause.

Für die Geburtsanzeige wählten wir einen Vers aus den Psalmen: „Er wird deinen Fuß nicht gleiten lassen, und der dich behütet, schläft nicht" (Psalm 121,3; Luther). Niemand ahnte, was nur drei Monate später geschehen würde: An einem hellen Wintertag im Dezember 2009 starb unser kleiner Schatz – wenige Stunden nachdem er bei der Untersuchung beim Kinderarzt als vollkommen gesundes Baby eingestuft worden war. Ganz leise, von uns unbemerkt, ging er in die Ewigkeit – eben nach Hause.

Wir kämpften um sein Leben, wollten nicht loslassen, was wir gerade erst bekommen hatten. Der Notarzt konnte nicht mehr helfen. So rangen wir im Gebet. Doch nach mehreren Stunden wurde uns klar, dass David nun seinen Platz in der Ewigkeit hatte. Er war nicht mehr bei uns.

Die folgenden Tage und Wochen erlebten wir wie in Trance. „Gott, warum? Wie kannst du so etwas zulassen? Wo bist du in dieser Dunkelheit?" Fragen über Fragen.

Nur ein Weihnachtsfest hatten wir zusammen gefeiert – ein ganz besonderes. Die Jahreslosung für das Jahr 2010 forderte unseren Glauben in dieser unglaublichen Situation noch mehr heraus: „Euer Herz erschrecke nicht! Glaubt an Gott und glaubt an mich!" (Johannes 14,1; Luther).

Als ganze Familie begegneten wir dem Tod. Wir weinten zusammen, bemalten den kleinen Sarg, zeichneten Bilder und schrien zu Gott. Wir sprachen uns gegenseitig Verse aus der Bibel zu, um dieses Tal des Todes irgendwie zu überleben. Wir wischten den Kindern die Tränen ab, verabschiedeten uns von Davids Körper in dem Wissen, dass seine Seele schon im Himmel war. Was wir von David im Sarg liegen sahen, war nur noch die tote menschliche Hülle, so erklärten wir es den Kindern. Langsam begriff der Verstand, was das Herz nicht wahrhaben wollte: David war nicht mehr bei uns und er würde auch nicht mehr zurückkommen. Er ist bei Jesus und wir sind noch hier.

Den Kindern gaben wir in dieser Zeit viel Raum für ihre Gefühle. Während des Abschiedsgottesdienstes saßen viele Kinder neben dem Sarg und malten Bilder, die sie dann neben den Sarg legten. Auch Gedanken, Worte und Eindrücke schrieben sie auf. So entstand ein bewegender Ordner, der zeigt, wie die Kinder diesen Abschied erlebten.

Ab dem Moment, in dem David nicht mehr bei uns war, gewann ganz leise ein neues Denken in mir Raum: Das Leben muss von der Ewigkeit her betrachtet werden. David ist am Ziel. Er ist dort schon angekommen, wo auch wir hinwollen. Er hat es gut, das ist unsere Gewissheit, unser Glaube. Das Traurige ist, dass wir ihn nicht hier bei uns haben. Wir hätten ihn gerne ein Stück seines Weges begleitet, seine aufgeschürften Knie verbunden oder die Rotznase abgewischt, mit ihm gelacht und seine Geburtstage gefeiert, ihn heranwachsen gesehen. Es sind somit die unerfüllten Wünsche und Hoffnungen, die schmerzen.

Doch wenn ich das Leben bewusst von der Ewigkeit her betrachte, stelle ich fest: Es ist ein Hauch, viel Mühe, manchmal auch Schmerz, unterbrochen von kleinen Momenten des Glücks, die schnell dahinfliegen. Das ersehnte Ziel von uns Christen, das Eigentliche, die Ewigkeit, in der wir David wiedersehen werden, kommt erst noch. Dort wird es kein Leid, kein Geschrei, keine Tränen mehr geben. Dieser Gedanke tröstet und ermutigt mich. Die Sehnsucht nach dem Himmel hat seit Davids Tod viel mehr Raum in meinem Leben gewonnen.

Meine enttäuschenden Umstände sollen meine Zukunft nicht negativ prägen. Deshalb lenke ich meine Gedanken bewusst vom Sichtbaren und Irdischen, also Leidvollen und Unverständlichen, hin zum Unsichtbaren. Mein Kind in die Ewigkeit zu verabschieden, ja hinter dem Sarg meines eigenen Kindes herzulaufen, war schrecklich. Heute zu sehen, wie Kinder, die im gleichen Alter sind, wie David jetzt wäre, leben, heranwachsen, in den Kindergarten kommen, ist schmerzlich und versetzt mir immer wieder einen Stich.

Und doch erlebte ich einen übernatürlichen Halt und Trost in der Zeit des Abschiednehmens und Trauerns durch Freunde, die einkauften, kochten, uns in den Arm nahmen und über unseren Schmerz hinwegliebten. Sie hatten keine Scheu vor Tränen und unangenehmen Fragen; sie beteten unermüdlich für uns und zeigten uns immer wieder die Blickrichtung, nämlich weg von den Umständen hin zum Himmel. So spürten wir im Leiden, dass Jesus uns Halt gibt.

In der ersten Zeit nach Davids Tod sagte ein Freund immer wieder zu uns: „Es ist kein Fehler passiert; Gott hat die Kontrolle!“ Dies waren für uns Worte des Himmels. Daran hielten wir uns wie Ertrinkende fest. Dieser Satz verbot uns zu grübeln, wer die Schuld an Davids Tod haben könnte, und hielt uns davon ab, uns gegenseitig zu beschuldigen, was wir anders hätten machen können. Wir sind sicher, Gott hätte die Dinge anders lenken können. Er hatte die vollständige Kontrolle über das, was passiert ist. Auch wenn wir zweifelten und Angst uns den Schlaf raubte, versuchten wir, uns daran zu klammern: Gott ist Herr über alle Dinge.

Wir verstehen nicht, warum unsere Zeit mit David so kurz war. Unsere Gedanken gehen oft zurück zu jenem Tag, und wir wünschten, dass die Geschichte anders verlaufen wäre, ein glückliches Ende gehabt hätte. Das eigene Herz kommt nicht hinterher. Wie kann kein Fehler passiert sein, wenn das geliebte Kind nicht mehr auf der Erde ist?

Gerade dann, wenn nichts mehr hält, wissen wir trotzdem um einen sicheren Halt: „Dennoch bleibe ich stets an dir, denn du hältst mich bei meiner rechten Hand“ (Psalm 73,23; Luther).

Gerade dann, wenn wir nicht mehr können, kommt der Vater uns entgegen, tröstet, hält und trägt uns.

Gerade dann wächst die Sehnsucht nach dem Himmel, und wir wissen, dass es doch noch ein glückliches Ende geben wird.

Abschied nehmen

Um innerlich heil zu werden, ist es wichtig, bestimmte Vorstellungen, Erwartungen und Wünsche, wie es hätte sein sollen, bewusst loszulassen und zu akzeptieren, was und wie es passiert ist. Das ist schwer. Ihre Gefühle werden protestieren, und deshalb kann es heilsam sein, diesen Gefühlen Ausdruck zu verleihen. Vielleicht entdecken Sie eine künstlerische Form wie Schreiben, Malen oder Töpfern, die Ihnen hilft, Ihre Gefühle auszudrücken. Außerdem kann es sehr guttun, mit anderen Menschen zu sprechen, die die gleiche schmerzliche Erfahrung gemacht haben wie Sie und von denen Sie sich deshalb verstanden fühlen.

Kinder zum Trauern ermutigen

Kinder brauchen Ermutigung, offen zu trauern, und zwar so lange es nötig ist. Wie Sie in diesen kritischen Augenblicken mit den Gefühlen des Kindes umgehen, wird sich auf sein gesamtes Leben auswirken. Vermitteln Sie dem Kind nicht den Eindruck, dass es auf eine bestimmte Weise oder für eine bestimmte Zeitspanne trauern müsste. Es darf in dem Ausmaß und auf die Weise trauern, zu der es fähig ist. Sie können ihm helfen, indem Sie Fragen stellen, die das Kind ermutigen zu reden. Warten Sie geduldig auf die Antwort. Kinder brauchen mehr Zeit, um sich über ihre Gefühle klar zu werden, weil ihnen die Lebenserfahrung fehlt.

Kindern Worte geben

Wenn Sie spüren, dass Ihr Kind mit Gefühlen kämpft, die es nicht benennen kann, achten Sie aufmerksam auf Hinweise. Wenn zum Beispiel ein Kind, das bisher nicht zu Wutanfällen neigte, nach dem Tod einer nahestehenden Person plötzlich damit beginnt, können Sie zu ihm sagen: „Ich glaube, dass du gerade sehr wütend bist. Vermisst du deinen Bruder? Ich auch.“ Ein Kleinkind spürt vielleicht nur, dass irgendetwas nicht stimmt. Es hilft ihm, wenn Sie ihm Worte geben, um seine Gefühle auszudrücken.

Wie viel verstehen Kinder vom Tod?

Kinder beginnen sich schon im Alter von etwa drei Jahren mit dem Tod auseinanderzusetzen. In diesem Alter erscheint ihnen der Tod als ein vorübergehender Zustand des Schlafes. Sie haben noch kein Zeitgefühl, und so begreifen sie kaum, dass der Tod für immer trennt.

Vorschulkinder zeigen dem Tod gegenüber eine recht unbekümmerte Haltung. Todesdrohungen gegenüber Geschwistern oder Eltern muss man in diesem Alter nicht ganz ernst nehmen. Oft sind die Kinder aber von den Begleiterscheinungen des Todesfalls beeindruckt und erschrecken vor der Trauer der Erwachsenen.

Im Alter von sechs bis zehn Jahren wird die Vorstellung vom Tod sachlicher. Wie stirbt ein Mensch? Tut Sterben weh? Was geschieht mit dem Leichnam? Wie läuft eine Beerdigung ab? Wo ist die Seele? Solche Sachfragen sind in diesem Alter normal und wir sollten sie mit möglichst einfachen Worten ganz ehrlich beantworten. Dabei dürfen wir auch zugeben, dass wir selbst nicht alles wissen und nur Gott die letzten Antworten kennt. Das Kind begreift nun, dass der Tod eine endgültige Trennung bedeutet – und vor allem, dass es jeden Menschen treffen kann. Diese Erkenntnis löst Angst aus. *Was passiert mit mir, wenn meine Mama stirbt?*, sorgen sich Kinder oft heimlich. Es kann hilfreich sein, mit ihnen zu besprechen, wer für sie sorgen würde, falls den Eltern etwas zustößt. Natürlich ist es wichtig, dies mit den betroffenen Verwandten vorher abzusprechen und im Testament festzulegen. Daneben dürfen wir als Christen aber auch von unserer Hoffnung erzählen, dass Jesus für uns im Himmel einen wunderschönen Platz vorbereitet hat und dass er den Trauernden besonders nahe ist und sie tröstet.

Ist es gut, Kinder mit ans Grab zu nehmen?

Heute sind wir oft bemüht, Kinder vom Todesgeschehen abzuschirmen, weil wir denken, dass sie das nicht verkraften können. Aber das Fernhalten ist keine Lösung, denn geheimnisvolle Vorgänge schüren die Unsicherheit. Außerdem nehmen wir ihnen dadurch die Gelegenheit, sich von dem geliebten Menschen zu verabschieden und zusammen mit den Eltern zu trauern. Gemeinsame Trauer ist schmerzlich, aber sie verbindet auch.

Wer war diese alte Dame?

Mila Devic

Rasch näherte sich der Herbst seinem Ende und die letzten Blätter fielen auf die Erde. Wie jedes Jahr starb das Laub seinen natürlichen Tod, während der Baum sich auf das neue Leben im Frühling vorbereitete. Es war ein düsterer Tag. Ich saß am Fenster und beobachtete, wie die Blätter in schaukelnden Bewegungen hinabsegelten. Dieses Schauspiel erinnerte mich daran, wie ich mein erstgeborenes Kind in den Armen gewiegt hatte.

Damals war ich erst 24 Jahre alt und noch nicht lange verheiratet. Eines Tages bekam ich bei der Arbeit in der Tuchherstellung plötzlich starke Schmerzen im Rücken. Ich suchte einen Arzt auf. „Wir müssen eine Röntgenaufnahme machen, um die Ursache zu finden“, wurde mir mitgeteilt. Einige Wochen später stellte ich überglücklich fest, dass ich schwanger war. Ich war so aufgeregt! In mir wuchs ein kleines Baby heran. Ich konnte es kaum abwarten, zum Arzt zu gehen und mir die Schwangerschaft bestätigen zu lassen.

Doch die Reaktion des Arztes war niederschmetternd. „Ja, Sie sind schwanger, aber die Röntgenstrahlen haben dem Baby geschadet. Es würde krank und entstellt zur Welt kommen und keine Aussicht auf ein normales Leben haben. Sie müssen sofort eine Abtreibung vornehmen lassen.“ Zuerst konnte ich seine Worte gar nicht erfassen; dann stiegen Wogen der Trauer in meinem Innersten auf. Ich begann zu weinen. Wie könnte ich mein erstes Kind einfach töten? Wie sollte ich so etwas tun und dann Gott in die Augen blicken?

Alles Weitere schien sich meiner Kontrolle zu entziehen. Mehrere Ärzte umringten mich und setzten mich unter Druck, einer Abtreibung zuzustimmen. Sie gaben mir alle notwendigen Formulare und schoben mich in das Wartezimmer neben der Abtreibungseinheit. Ich war schockiert und völlig verwirrt. Neben mir warteten noch andere Frauen auf eine Abtreibung, aber keine von ihnen ließ auch nur die geringste Betroffenheit erkennen. Keine außer mir weinte. Ich fühlte mich so allein! Mit einem Mal war für mich der Herbst zum düstersten Winter meiner Seele geworden.

Doch plötzlich war ich nicht mehr allein. Eine alte Dame neben mir fragte mich sanft, warum ich weinte. Ich hatte sie nie zuvor gesehen, doch ich spürte, dass ich ihr vertrauen konnte. Also erzählte ich ihr, dass mein Baby nicht gesund war und die Ärzte mich aufgefordert hatten, es abtreiben zu lassen. „Ich kann es aber nicht ertragen, mein Baby zu töten“, schluchzte ich. Die alte Dame sah mich an und sagte: „Nehmen Sie Ihre Sachen und gehen Sie nach Hause. Wenn Ihr Baby nach der Geburt nicht normal sein sollte, dann bringen Sie es zu mir, und ich werde mich um das Kind kümmern.“

Diese Frau war wie ein heller Lichtstrahl, der in meine dunkle Welt hereinbrach. Ich verließ das Krankenhaus mit Freudentränen, und mein Herz war nicht länger mit Sorge erfüllt, sondern voller Hoffnung. *Wer mag diese alte Dame gewesen sein?,* überlegte ich. Ältere Frauen kamen normalerweise nicht auf Entbindungsstationen oder in Abtreibungskliniken. Es war mir nicht einmal in den Sinn gekommen, sie nach ihrem Namen und ihrer Adresse zu fragen. Sie musste ein Engel Gottes gewesen sein, der gekommen war, um mir an meinem dunkelsten Tag zur Seite zu stehen.

Sieben Monate später brachte ich ein wunderschönes kleines Mädchen zur Welt. Ich wiegte es in meinen Armen und gab ihm den Namen Marija. Als mein Mann mich besuchte, brachte uns die Krankenschwester das Baby ins Zimmer. Dabei bemerkte sie ein wenig Blut in Marijas Mund. Sofort lief sie los, um den Arzt zu holen. Doch er konnte nichts mehr tun – die kleine Marija starb wenige Minuten später. Die Röntgenstrahlen hatten ihr Herz und ihre Lungen zerstört. Obwohl wir sehr traurig waren, unsere wunderschöne Tochter zu verlieren, war ich überaus dankbar. So wie die Blätter auf den Bäumen eines natürlichen Todes sterben, war Marija zu gegebener Zeit eines natürlichen Todes gestorben. Gott hatte sie zu sich geholt. Hätte ich eine Abtreibung durchführen lassen, wäre ihr Tod unnatürlich und unrecht gewesen.

Nach und nach schenkte Gott uns vier weitere Kinder. Ich war ihm dankbar dafür und wünschte mir ein großes Haus mit einem Garten voller Blumen, in dem wir alle zusammenleben würden. Eines Nachts träumte ich von einem schönen, großen Haus auf einem Hügel. Es hatte einen riesigen Garten, in dem sogar ein Springbrunnen sprudelte. Plötzlich trat Marija aus dem Haus – nicht als Baby, sondern als hübsches Mädchen, das uns mit ausgebreiteten Armen entgegenkam. Einer nach dem anderen gingen wir zu ihr. Marija sagte: „Wo seid ihr alle gewesen? Ich warte schon lange auf euch!“ Sogleich wusste ich, dass ich vom Himmel geträumt hatte und dass Gott sich um Marija kümmerte, wie er es durch seinen Boten, die alte Dame, versprochen hatte. Sie hatte mich an meinem dunkelsten Tag besucht und Licht und Hoffnung in mein Leben gebracht – wie der Engel in der Heiligen Nacht.

Auch damals, unter dem Machthaber Herodes, herrschten düstere Zeiten. Wie der Arzt drängte auch er in seiner Autorität darauf, das Baby zu töten. Aber Gott griff ein, indem er die heilige Familie zur Flucht mahnte – genau wie die alte Dame mich gemahnt hatte –, und er versprach, das Kind zu behüten.

Gott spricht auf verschiedene Wege, auch durch Träume. Wir sehen das im Alten wie im Neuen Testament. Ein Beispiel dafür finden wir in Matthäus 2,13–15: Gott sprach zu Josef durch einen Traum, er solle mit dem Jesuskind nach Ägypten fliehen.

Werde ich mein Kind wiedersehen?

Die Bibel berichtet, dass das erste gemeinsame Kind von David und Batseba nur eine Woche lebte, bevor es starb. Mit gebrochenem Herzen richtete David seine Gedanken zum Himmel und sagte: „Nun ist er gestorben ... Nein, er kehrt nicht mehr zu mir zurück, ich aber werde eines Tages zu ihm gehen!" (2. Samuel 12,23; Hoffnung für alle). Seine Worte unterstützen die Hoffnung, dass wir unsere Kinder tatsächlich im Himmel wiedersehen werden.

Stellen Sie sich einen Hirten vor, der seine Herde auf höhergelegene Wiesen führt. Unterwegs ist es nötig, einen Fluss zu überqueren. Voller Angst starren die Schafe auf das Wasser. Da nimmt der Hirte ein Lamm auf den Arm, trägt es hinüber zur anderen Seite und setzt es dort auf das sichere Ufer. Zuerst sind die Eltern des Lammes sehr aufgebracht. Doch schließlich überwinden sie ihre Angst und folgen dem Hirten durch das Wasser – um auf der anderen Seite wieder mit ihrem Kind vereint zu sein.

Eine Mutter, die ihr Kind verloren hat, darf in der Gewissheit Trost finden, dass das Leben ihres Kindes nicht zu Ende ist. Im Augenblick des Todes verwandelt Gott den irdischen Körper (Philipper 3,21), und zwar von allen, die im Glauben an Christus sterben, und von denen, die nicht in der Lage sind, eine eigene Entscheidung zu treffen – etwa, weil sie zu jung oder behindert sind.

Werde ich mein Kind im Himmel erkennen?

Ja. Die Jünger erkannten Jesus nach seiner Auferstehung: als er für sie am See Frühstück machte (Johannes 21,1–14), als er sich dem skeptischen Thomas offenbarte (Johannes 20,24–29), als er 500 Menschen zugleich erschien (1. Korinther 15,6).

Auf dem Berg der Verklärung erkannten die Jünger Mose und Elia, obwohl sie noch nicht einmal wissen konnten, wie die beiden Männer aussahen, da sie Jahrhunderte zuvor gestorben waren (Lukas 9,29–33). Wenn wir Menschen erkennen, die wir nie zuvor gesehen haben, wie viel mehr werden wir unsere Freunde und Familienmitglieder erkennen!

Wird mein Kind im Himmel aufwachsen?

Jesus war 33 Jahre alt, also in der Blüte seines Lebens, als er starb, auferstand und in den Himmel zurückkehrte. Der Apostel Johannes schreibt: „Wenn Jesus in seiner Herrlichkeit erscheint, werden wir ihm gleich sein; denn dann werden wir ihn so sehen, wie er wirklich ist“ (1. Johannes 3,2; Neue Genfer Übersetzung). Könnte das ein Hinweis darauf sein, dass wir wie Jesus in der Blüte unseres Lebens sein werden? Der Theologe Hank Hanegraaf meint dazu: „Unsere DNA ist so programmiert, dass unser Körper zu einem bestimmten Zeitpunkt die optimale Entwicklung in funktioneller Hinsicht erreicht. Bei den meisten Menschen ist das irgendwann zwischen ihrem 20. und 40. Lebensjahr. Wenn der genetische Bauplan für unseren verherrlichten Körper in unserer DNA enthalten ist, würde es Sinn ergeben, dass unser Körper in dem von der DNA bestimmten optimalen Entwicklungsstadium aufersteht."

Vom Neid zum Mitgefühl

Elisabeth Mittelstädt

Der Sommer war sehr heiß. Ich fühlte mich erschöpft. Als noch Übelkeit hinzukam, vermutete ich, dass ich mir einen Grippevirus eingefangen hatte. Doch eigentlich fühlte es sich anders an.

Dann wurde mir bewusst, dass meine Periode schon seit mehreren Wochen ausgeblieben war. An diesem Abend ging ich zu Bett, ohne meinem Mann etwas von meiner Ahnung zu sagen. Doch als ich am nächsten Morgen aufwachte, war mir klar: *Da wächst ein kleines Leben in mir heran!* Meine Freude war groß. *Ob es ein Mädchen wird?*, fragte ich mich. Dann würde ich reizende Kleider für meine Tochter nähen. Aber dann dachte ich: *Nein, es ist ein Junge.* Ich weiß nicht, wie ich zu dieser Überzeugung kam.

Nach einiger Zeit ging es mir zu schlecht, um zur Arbeit zu gehen. Ich spürte einen stechenden Schmerz in der Seite.

„Ob das normal ist?", überlegte ich laut.

Ich ahnte, dass es ernst war. Am nächsten Tag verriet mir eine starke Blutung, dass ich mein kostbarstes Geschenk verloren hatte. Unser Baby war gestorben.

„Oh Herr", weinten wir, „wir haben ihn so geliebt." Während der vorangegangenen Wochen war mir mein Baby von Tag zu Tag mehr ans Herz gewachsen. Es war zwar noch in meinem Mutterleib, aber ich war trotzdem schon ganz vernarrt in mein Kind.

Ich weinte, bis irgendwann keine Tränen mehr kamen, und blieb dann reglos auf dem Bett liegen. Meine Gefühle waren taub geworden. *So früh ist er in den Himmel gegangen*, dachte ich.

Mein Timotheus. Diesen Namen hatte ich gewählt, weil er mir in der Bibel so gut gefiel.

Es dauerte eine ganze Weile, bis ich Ordnung in das Chaos meiner Gefühle bringen konnte. Wie verwirrend das alles war. Zuerst ein Baby, das sich unerwartet angekündigt hatte. Dann unsere wachsende Liebe zu diesem Kind, die mit jedem Tag inniger geworden war. Mein ganzer Körper und meine Gefühle hatten sich in einem Crescendo darauf vorbereitet, diesen kleinen Menschen willkommen zu heißen und zu nähren. Nun war das Kind plötzlich weg. Doch meine Hormone tobten weiter. Physisch, gedanklich, emotional und geistlich wusste ich kaum, wie ich diesen plötzlichen Umbruch verkraften sollte. *Eine Fehlgeburt gleicht einem üblen Streich, den einem der Körper spielt*, dachte ich. Erst werden Hoffnungen geweckt, die sich in höchste Höhen aufschwingen, um dann im tiefsten Abgrund zu zerschellen.

Immer wieder fragte ich Gott: „Warum?", doch nie erhielt ich eine Antwort. Ich spürte aber, dass Gott mir nahe war. Monatelang hörte Gott sich mein Murren und Klagen an, ohne mich je zu verurteilen. Auf der Achterbahn meiner Gefühle blieb er an meiner Seite. Und ich hörte nicht auf, ihn um Heilung für mein gebrochenes Herz zu bitten. Langsam sank die tröstliche Wahrheit in mein Herz: *Ich habe kein Kind verloren, nein, es ist vielmehr nach seinem kurzen Leben bereits im*

Himmel angekommen. Mein Kind ist bei Gott und ich werde es dort wiedersehen.

~

Oft träumte ich von dem kleinen Jungen oder dem kleinen Mädchen – oder beiden –, die wir irgendwann einmal haben würden. Gott erschuf Frauen mit dem angeborenen Wunsch, Leben zu geben und zu nähren. Ich war da keine Ausnahme. Ich fühlte diese starke Sehnsucht in mir aufsteigen, wann immer ich Mütter mit ihren kleinen Kindern sah – besonders in der Weihnachtszeit. In dem Buch „Umsonst: Geben und Vergeben in einer gnadenlosen Kultur" von Miroslav Volf las ich einmal einen Satz, der mein Empfinden sehr gut beschrieb: „Ich fühlte mich wie ein Kind in einer großen Familie, das als Einziges von seinen Eltern bei der Bescherung vergessen worden war."

„Nächsten Monat wirst du schwanger sein", versuchte ich mich immer wieder zu ermutigen.

Ich wartete … und wartete. Doch nie hielt ich einen positiven Schwangerschaftstest in den Händen oder bekam eine Antwort von Gott. Nichts – weder Gebet noch Fasten – hob unsere Unfruchtbarkeit auf, doch wir hofften weiter.

Eines Tages wurde mir beim Beten plötzlich bewusst, wie ich mein Leben an mir vorbeiziehen ließ. Ich vergeudete meine Energie damit, weiter zu glauben, dass nur ein Kind diese Sehnsucht in mir stillen konnte.

„Herr, ich habe immer angenommen, dass du mir kein Kind gegeben hast, weil ich es nicht verdiene. Jetzt erkenne ich, dass das eine Lüge ist. Wenn du etwas Gutes zurückhältst, tust du es aus gutem Grund. Mit meinen Lippen behaupte ich zwar zu glauben, dass du weißt, was das Beste ist, aber ich lebe nicht danach. Herr, es tut mir leid; ich will dir mehr vertrauen –

nicht, damit du mir gibst, was ich mir wünsche, sondern einfach, weil du gut bist."

Mit der Zeit machte sich heftiger Neid bemerkbar, wenn meine Freundinnen Kinder bekamen. Ich spürte, wie mein Herz sich zusammenzog, wenn ich anderen Frauen begegnete, die Kinder hatten.

Als ich eines Tages einen Gemeindebrief las, traf mich dieser Text:

Neid starrt den anderen an und denkt:
„Hätte ich doch nur, was du besitzt!"
Mitgefühl sieht den anderen und fragt:
„Was habe ich, das ich dir geben könnte?"
Neid kreist um sich selbst und sagt: „Ich Armer!"
Mitgefühl wendet sich dem anderen zu und sagt: „Du Armer!"
Neid zerstört und lähmt mich.
Mitgefühl belebt und motiviert mich.
Neid ist eine tödliche Sünde.
Mitgefühl ist eine herrliche Tugend, die Christus widerspiegelt.

Diese Worte fanden tiefen Nachhall in meinem Herzen; sie entlarvten den deutlichen Gegensatz zwischen der Art, wie ich tatsächlich lebte, und der Art, wie ich eigentlich leben wollte. Ich schrieb das Gedicht in mein Tagebuch, damit ich es mir jedes Mal vorsagen konnte, wenn Neid in mir hochkam.

Mit der Zeit befreite Gott mich vom Neid und schenkte mir Mitgefühl. Ich lernte, mein Leben nicht nach dem zu beurteilen, was ich nicht hatte, sondern nach dem, was ich hatte – und mich daran zu erfreuen.

Ich verstehe nicht, warum ich diese Trauer erleben musste, sogar mehr als einmal. Aber jedes Mal, wenn meine Welt einzustürzen schien, landete ich sicher in Gottes Hand.

Eines weiß ich: Gott ist gut und ich bin von ihm geliebt. Und er hat mir geholfen, meine Identität zu finden, auch ohne Kind.

Mein Kind wurde nicht geboren, um zu sterben, sondern um zu leben – nur in einer anderen Welt.

• •

Wer bestimmt unsere Tage?

In Psalm 139, Vers 16 (Neues Leben) steht: „Du hast mich gesehen, bevor ich geboren war. Jeder Tag meines Lebens war in deinem Buch geschrieben. Jeder Augenblick stand fest, noch bevor der erste Tag begann." Dieser Vers macht deutlich, dass Gott die Anzahl unserer Tage bestimmt hat. Lange bevor wir geboren wurden, kannte er bereits den Tag, an dem er uns nach Hause rufen würde. Diese Gewissheit ist sehr hilfreich, wenn wir mit Schuldgefühlen oder Schuldzuweisungen kämpfen, die im Trauerprozess oft eine große Rolle spielen. Wenn wir uns diese Wahrheit vor Augen halten, können wir quälenden Gedanken besser widerstehen wie: „Ich wünschte, ich hätte ..." oder: „Wenn wir nur ..." Solche Gedanken bewirken unnötige Schuldgefühle.

Eine andere Bibelstelle, die schon vielen Trost geschenkt hat, ist Jesaja 57, Verse 1 und 2 (Neues Leben): „Der Gerechte dagegen kommt um, ohne dass sich jemand darüber Gedanken macht. Die, die Gott treu sind, werden abberufen, aber niemandem fällt auf, dass sie dadurch dem Bösen entkommen sollen. Sie treten in den Frieden Gottes ein und ruhen auf ihren Lagern, weil sie ihren Weg geradeaus gingen." Diese Verse zeigen, dass Gott die Schwierigkeiten sieht, die auf seine Kinder zukommen. Als liebevoller Vater möchte er sie vor manchem bewahren. Gott sieht die Zukunft, die wir nicht sehen können. Er allein sieht das Ende vom Anfang her und weiß, wie er zu unserem Besten handeln kann. Zugleich ermutigt er uns, für die Kranken um Heilung zu bitten (Jakobus 5,14–16). Also bitten wir um Heilung, vertrauen aber trotzdem darauf, dass er unser Gebet so beantworten wird, wie es in seinen Augen am besten ist.

Heilungen waren auch ein wesentlicher Teil von Jesu Dienst (Matthäus 8,14–17). Tatsache ist, dass Jesus während seines irdischen Lebens zu keiner Beerdigung gegangen ist, auf der er nicht den Toten auferweckt hat. Er sagt von sich selbst: „Ich bin die Auferstehung, und ich bin das Leben. Wer mir vertraut, der wird leben, selbst wenn er stirbt. Und wer lebt und mir vertraut, wird niemals sterben“ (Johannes 11,25–26; Hoffnung für alle).

Die Auferstehung Jesu ist entscheidend, denn sie belegt, dass auf seine Worte Verlass ist. Wie herrlich ist es zu wissen: Im Himmel werden wir lebendiger sein als jemals zuvor während unseres irdischen Lebens! Für diejenigen, die zu Gott gehören, hat der Tod seinen Schrecken verloren. Das Grab ist nicht der Eingang zum Tod, sondern das Tor zum Leben. Wenn Gläubige sterben, kommen sie direkt in die Gegenwart Gottes im Himmel.

Trauernde trösten

Diese einfachen Beweise der Anteilnahme können viel dazu beitragen, dass Menschen, die einen schweren Verlust erlebt haben, Trost und Heilung erfahren:

- *Sagen Sie einfach: „Es tut mir leid!“, wenn Sie nicht wissen, was Sie sagen sollen.* Je weniger Zeit zwischen dem schlimmen Ereignis und Ihrem Zusammentreffen vergangen ist, umso weniger Worte sollten Sie machen. Eine kurze Umarmung, ein Händedruck oder ein liebevoller Blick sprechen für sich.

- *Bleiben Sie in Kontakt.* Seien Sie für Ihre Freundin da, aber drängen Sie sich nicht auf. Halten Sie in der Anfangszeit Ihre Besuche und Anrufe kurz, um sie nicht zu überfordern.
- *Akzeptieren Sie ihr Schweigen.* Plappern Sie nicht drauflos, nur um die Stille mit Worten zu füllen. Wenn Ihre Freundin nicht reden will, respektieren Sie ihre Zurückgezogenheit. Oft ist es Trauernden lieber, einfach still zusammenzusitzen. Sollte sie jedoch den Austausch wünschen, überlassen Sie ihr die Gesprächsführung.
- *Lassen Sie es zu, dass Ihre Freundin ihren Gefühlen Ausdruck verleiht.* Wenn sie zornig ist, sollte sie ihren Ärger ausdrücken dürfen. Seien Sie großzügig mit ihr und verzeihen Sie ihr unbedachte Äußerungen während dieser emotionsgeladenen Zeit. Wenn Ihre Freundin unfähig zu sein scheint, mit Zorn oder Schuldgefühlen fertigzuwerden, schlagen Sie ihr vor, professionelle Beratung oder Seelsorge in Anspruch zu nehmen.
- *Löchern Sie sie nicht mit Fragen nach Einzelheiten über den Tod oder die Krankheit.* Wenn sie von sich aus darüber reden will, hören Sie einfach zu.
- *Lassen Sie es zu, dass der Trauerprozess sich auf natürliche Weise entwickelt.* Drängen Sie Ihre Freundin nicht, Kleider, Bilder oder andere Erinnerungsstücke wegzuwerfen. Halten Sie sie auch nicht davon ab, das Grab oder die Unglücksstelle aufzusuchen. Dies gehört zur Trauerbewältigung dazu.
- *Bieten Sie praktische Hilfe an wie Kochen, Abwaschen, Putzen oder Einkaufen.* Falls Ihre Freundin nicht schlafen kann, ist sie vielleicht dankbar, wenn Sie bei ihr übernachten. Sagen Sie ihr ansonsten, dass sie Sie zu jeder Tages- und Nachtzeit anrufen kann.
- *Ermutigen Sie Ihre Freundin, wichtige Entscheidungen auf später zu verschieben.* Helfen Sie ihr nicht, Hals über Kopf ihr Haus oder ihr Auto zu verkaufen oder ihre Arbeitsstelle zu kündigen. Ein trauernder Mensch ist gefühlsmäßig aus dem

Gleichgewicht und besitzt nicht das erforderliche Urteilsvermögen, um über weitreichende Veränderungen entscheiden zu können.

- *Binden Sie sie mit der Zeit wieder behutsam in gesellschaftliche Aktivitäten ein.* Vielleicht sträubt sie sich anfangs dagegen – aus Angst, in der Öffentlichkeit die Fassung zu verlieren. Lassen Sie ihr Zeit, innerlich heil zu werden und sich auf die Veränderungen in ihrem Leben einzustellen. Beginnen Sie dann, sie zu kleinen, familiären Treffen einzuladen.
- *Behandeln Sie sie wie einen ganz normalen Menschen.* Wenn sie nach einer Zeit der Trauer wieder anfängt, am gesellschaftlichen Leben teilzunehmen, sollten Sie sie auf keinen Fall mit den Worten vorstellen: „Sie hat kürzlich ihren Mann/ihr Baby verloren ..." Sie ist vor allem eines: Ihre Freundin!

Jeannetta R. Chrystie

Himmel

Wenn eine geliebte Person stirbt, beschäftigen uns oft zwei Fragen: „Wo ist er/sie jetzt? Geht es ihm/ihr gut?" Für Christen ist das Ziel unseres Lebens der Himmel. In den folgenden Kapiteln finden Sie unter dem Stichwort „Himmel" kleine Beispiele dafür, was uns die Bibel darüber berichtet. Was wird geschehen, wenn wir durch das Tor des Himmels geleitet werden? Lassen Sie uns herausfinden, warum der Himmel als die wahre Heimat unseres Herzens bezeichnet wird. Einige „Attraktionen" dieser vollkommenen Heimat sind:

- ein Zuhause an einem vollkommenen Ort,
- Freunde und Familie, Liebe, Freude und Feste,
- wunderbar helle Tage und höchste Lebensqualität,
- Leben ohne Nacht, Traurigkeit, Krankheit und Tod,
- die Möglichkeit, für immer in der Gegenwart Gottes zu sein.

Wir wollen mehr über den Himmel lernen, und zwar direkt aus dem Wort Gottes. Die Bibel ist ein Reiseführer, der uns einen Blick auf den Himmel gewährt und uns ermutigt, das Beste aus der Reise dorthin zu machen. Wussten Sie, dass 54 der 66 Bücher der Bibel auf den Himmel Bezug nehmen? Den meisten Einblick bekommen wir in den letzten beiden Kapiteln der Offenbarung.

Aber die Gewissheit, dass wir einmal die Ewigkeit bei Gott im Himmel verbringen werden, hat auch schon Auswirkungen auf unser Leben hier und heute.

Wenn Sie wissen, wo Sie hingehen, verändert das Ihren jetzigen Lebensstil von Grund auf.

„Die Zukunft ist wie ein Anker, der schon ausgeworfen ist und unser Lebensschiff in sichere Gefilde zieht", sagt David Jeremiah.

Und der Apostel Petrus schreibt: „Weil ihr also auf diese Dinge wartet, liebe Freunde, setzt alles daran, euch vor dem Herrn als untadelig und ohne Makel zu erweisen, als Menschen, die Frieden mit ihm haben“ (2. Petrus 3,14; Neue Genfer Übersetzung).

KAPITEL 2

Jenseits von Tränen

Nach dem Tod eines Kindes weiterleben

Solange wir in dieser gefallenen Welt leben, werden Krankheit und Tod unsere Feinde sein. Der Tod ist normal, aber er ist nicht natürlich. Wir werden uns nie an ihn gewöhnen, denn wir wurden nicht dazu geschaffen, den Tod zu erfahren. Der Verlust eines Kindes ist zweifellos das Schlimmste, was Eltern erleben können. Viele Fragen tauchen auf: „Warum?“ oder: „Wo war Gott, als mein Kind starb?“ Wir haben das Gefühl, dass Gott irgendwie verantwortlich ist, schließlich hat er das Unfassbare zugelassen. Wir sind schockiert, untröstlich, laufen vor ihm weg. Gott versteht das. Er wird uns nicht verlassen, auch dann nicht, wenn wir zornig oder traurig sind.

Als König David versuchte, den Tod seines Sohnes zu verstehen, lief er in seiner Trauer geradewegs zum Heiligtum Gottes (Psalm 73,16–17). Er wusste: In der Anbetung Gottes beginnen wir sein Wirken und Handeln in unseren Verlusterfahrungen zu

erkennen. Und obwohl er keine endgültige Antwort bekam, empfing David die große Gewissheit der Gegenwart Gottes.

Auf den folgenden Seiten finden Sie ehrliche, herzzerreißende Geschichten. Die Autoren haben den Zynismus zurückgewiesen, die Gnade angenommen und den Mut gefasst, von ihrer Reise zu erzählen. Indem sie das tun, verwandeln sie ihren eigenen Schmerz in Hoffnung für andere. Sie trauern, aber nicht ohne Hoffnung, denn sie kennen den Ausgang der Geschichte: Auch ein Kind, in Niedrigkeit begraben, wird auferstehen in Herrlichkeit. Sein Körper, in Schwachheit begraben, wird auferstehen in Kraft (1. Korinther 15,43).

Die größte Ehre meines Lebens

Dr. David Cerqueira

„Ich habe ein neues Mädchen im Kindergottesdienst", berichtete meine Frau. „Sie heißt Sara. Ihre Familie ist erst vor Kurzem zugezogen." Seitdem versorgte uns meine Frau reichlich mit lustigen Geschichten über Sara. Jeder in der Gemeinde schien sie zu mögen. Sie war einfach ein Kind, das man mögen musste.

Eines Sonntags ging es in der Kinderstunde darum, sich nützlich zu machen und zu helfen. „Jeder kann etwas tun!", erklärte meine Frau. „Wenn ihr etwas Nützliches tut, dient ihr damit auch Gott, und das ist sehr lobenswert." Die Kinder hörten aufmerksam zu. Nach der Lektion schwiegen sie für einen Moment. Sara unterbrach die Stille. In ihrer lieben Art fragte sie: „Was kann ich tun? Ich glaube, ich kann nicht viel Nützliches."

Meine Frau hatte nicht erwartet, dass eines der Kinder nach konkreten Beispielen fragen würde. Schnell schaute sie sich um und suchte nach einer Idee, um Saras Frage zu beantworten. Da entdeckte sie eine leere Vase auf dem Fensterbrett und schlug vor: „Sara, du kannst eine Blume mitbringen und sie in die Vase stellen. Das wäre eine nützliche Sache."

Nachdenklich antwortete Sara: „Aber das ist doch nicht nützlich."

„Oh doch", sagte meine Frau. „Alles, was wir tun, um jemandem zu helfen oder ihm eine Freude zu bereiten, ist nützlich und wichtig."

Am darauffolgenden Sonntag brachte Sara eine Löwenzahn-Blüte und stellte sie in die Vase. Von da an tat sie das jeden Sonntag. Ohne irgendwelche Erinnerungen oder Hilfe kümmerte sie sich darum, dass eine Blume in der Vase stand.

Meine Frau erzählte das dem Pastor und am folgenden Sonntag platzierte er diese Vase neben der Kanzel. In seiner Predigt sprach er darüber, welche Ehre es sei, anderen zu dienen, und benutzte Saras Vase als Beispiel. Die Gemeinde reagierte sehr positiv auf diese Predigt und die Woche fing gut an.

Ich bin Kinderarzt und durch diesen Beruf habe ich eine Abneigung gegen Telefonanrufe entwickelt. Immer wieder kommt ein ungutes Gefühl in mir auf, wenn das Telefon klingelt. Während dieser Woche rief mich Saras Mutter an. „Sara verhält sich so anders", erklärte sie mir, „sie wirkt kraftlos und hat keinen Appetit." Ich beruhigte die Mutter und sagte: „Bring sie gleich morgen in meine Praxis."

Nach den üblichen Tests und ein paar Tagen Auswertung saß ich mit Saras Unterlagen in meinem Büro. Die Ergebnisse waren tragisch. Auf dem Heimweg fuhr ich bei Saras Eltern vorbei, um ihnen die traurige Nachricht persönlich zu überbringen: Saras Gene und die Leukämie waren eine schreckliche Mischung. Während wir am Küchentisch saßen, gab ich mein Bestes, um ihnen zu erklären, dass wir Saras Leben nicht retten konnten.

Ich glaube, dieser Abend war der schwierigste meines Lebens. Saras Mutter schaute mir in die Augen. Tränen liefen über ihre Wangen. „Wie kann das passieren?", fragte sie. „Warum würde Gott das zulassen?"

Als Ärzte versuchen wir, Leben zu retten. Manchmal wünschte ich mir sogar, mein Leben für eines meiner Patienten geben zu können – besonders, wenn der Patient so liebenswert ist wie Sara. Aber manchmal, wenn es medizinisch gesehen keine Hilfe gibt, ist das tragische Ende nur eine Frage der Zeit, falls Gott kein Wunder tut. Sara stand ein solches Ende bevor. So ein kostbares Leben sollte in Schmerz und Angst ausklingen. Es war sehr schwierig, Gottes Güte in Saras Leben nicht anzuzweifeln.

Rasch verschlechterte sich Saras Zustand. Bald lag sie nur noch im Bett und ihre Kontakte waren beschränkt auf Besucher. Viele Menschen, die sie sehr liebten, kamen vorbei. Sara verlor ihr Lachen und viel Gewicht. Und dann kam ein weiterer Anruf: „Könntest du bitte kommen?“, bat Saras Mutter. Ich ließ alles stehen und liegen und eilte zu ihr. Da lag sie, ein kleines Häufchen Elend, das sich kaum noch bewegte. Nach einer kurzen Untersuchung wusste ich, dass Sara diese Welt bald verlassen würde. Ich riet ihren Eltern, so viel Zeit wie möglich mit ihr zu verbringen.

Das war an einem Freitagnachmittag. Am Sonntag begann der Gottesdienst wie immer: Lieder singen, Predigt – all das schien mir bedeutungslos, wenn ich an Sara dachte. Traurigkeit ergriff mein Herz, während ich still auf der Kirchenbank saß. Als die Predigt dem Ende zuging, hörte der Pastor auf einmal auf zu sprechen. Seine Augen starrten gebannt und in völliger Verwunderung auf die Tür im hinteren Teil der Kirche. Alle drehten sich um. Jeder wollte sehen, was den Pastor so aus der Fassung brachte. Es war Sara! Ihre Eltern hatten sie hergebracht. Sie war in Decken gewickelt und in ihrer kleinen Hand hielt sie eine Löwenzahn-Blüte.

Sie setzte sich nicht in die hinterste Reihe. Stattdessen ging sie langsam auf die Kanzel zu, wo noch immer ihre Vase stand. Sie stellte die Blume in die Vase und legte einen kleinen Zettel daneben. Dann drehte sie sich um und ging zurück zu ihren Eltern. Alle, die mit ansahen, wie Sara ihre letzte Blume in die Vase stellte, waren zutiefst bewegt. Am Ende des Gottesdienstes kamen viele zu Sara und ihren Eltern und versuchten, irgendwie Unterstützung anzubieten. Ich konnte es kaum noch ertragen.

Vier Tage später starb Sara. Ich sagte alle Termine ab, saß an meinem Schreibtisch und dachte an sie und ihre Eltern. Es tat so weh! Ich erinnerte mich an all die lustigen Geschichten, die meine Frau erzählt hatte. Saras süße Stimme klang noch immer in meinem Ohr. Ich erinnerte mich an den Anruf ihrer Mutter, der so viel Traurigkeit mit sich brachte. Tränen füllten meine Augen. Weinend versuchte ich, Gottes Güte nicht infrage zu stellen, obwohl er zugelassen hatte, dass Sara auf so eine schreckliche Weise sterben musste.

Nach der Beerdigung bat mich mein Pastor, kurz mit mir sprechen zu können. Ich war überrascht. Während des Gesprächs standen wir am Friedhof bei unseren Autos und viele Leute gingen an uns vorbei. Mit leiser Stimme sagte er: „David, ich habe etwas, das du sehen solltest." Dann zog er das Zettelchen aus seiner Tasche, das Sara an die Vase gestellt hatte. Er reichte mir das Stück Papier und meinte: „Das solltest du lieber behalten. Es könnte dir auf deinem Berufsweg helfen." Ich nahm das gefaltete Stück Papier und öffnete es, um zu lesen, was Sara geschrieben hatte.

Mit einem pinkfarbenen Stift hatte Sara zu Papier gebracht: „Lieber Gott, diese Vase war die größte Ehre meines Lebens. Sara."

Saras kleiner Zettel und ihre Vase haben mir geholfen, einiges besser zu verstehen. Ich verstehe natürlich längst nicht alles. Aber ich verstehe jetzt: Unser Leben ist eine Möglichkeit, Gott zu dienen, indem wir Menschen dienen. Und wie Sara es sagte: Das ist die größte Ehre in jedem Leben.

Der Weg der Trauer

- Verlust ist unvermeidlich, aber ob wir trauern und so den Abschied verarbeiten, liegt ganz bei uns. Wir müssen uns dafür entscheiden zu trauern, statt den Schmerz tief in unserem Herzen zu vergraben.
- Trauer ist gesund. Es ist in der Tat die einzig gesunde Reaktion auf Verlust. Egal, was wir verlieren – einen geliebten Menschen, eine Arbeitsstelle, eine Ehebeziehung, unsere Gesundheit –, Trauer ist zweifellos eines der schmerzlichsten Gefühle, die wir im Leben erfahren. Doch es ist zugleich ein hilfreiches Gefühl. Trauer ist Gottes Weg, um uns durch Phasen der Veränderung hindurchzuführen. Wenn wir nicht trauern, bleiben wir stecken. Manche Menschen stecken 10, 20 oder 30 Jahre nach einem Verlust immer noch im Schmerz fest, weil sie nicht getrauert haben. Wenn wir den Schmerz nicht auf eine gesunde Weise herauslassen, wird er negativen Einfluss auf unser Leben nehmen.
- Gott trauert mit uns. Er leidet mit uns. In der Bibel steht: „Nahe ist der Herr denen, die ein gebrochenes Herz haben“ (Psalm 34,19; Neue Genfer Übersetzung).
- Trauer braucht Zeit. „Jedes Ereignis, alles auf der Welt hat seine Zeit ... Weinen und Lachen, Klagen und Tanzen“ (Prediger 3,1.4; Hoffnung für alle). Wir können nicht über die Trauer „hinwegkommen“, sondern nur durch sie hindurch. Wir müssen lernen zu klagen. Wir können den Schmerz erst überwinden, wenn wir ihn spüren und annehmen. Es gibt 150 Psalmen und 65 davon sind Klagepsalmen; der Höhepunkt davon ist sicher Psalm 88.

Trösten bedeutet nicht, Gottes Willen zu erklären. Trösten bedeutet auch nicht, das Problem zu lösen. Trösten bedeutet, für jemanden da zu sein.

- Schenken Sie Ihrer trauernden Freundin Ihre Zeit.
- Hören Sie zu. Zuhören schließt mit ein, dass Sie Ihre Freundin ermutigen, ihren Gefühlen Ausdruck zu verleihen.
- Sagen Sie ihr, dass Sie für sie beten.
- Bieten Sie praktische Hilfe an.

Wenn Sie etwas zugesagt haben, sollten Sie dieses Versprechen auch in die Tat umsetzen.

Einen trauernden Menschen zu trösten kann erschreckend sein, weil es uns an unsere eigenen Ängste erinnert. Doch wir müssen nicht das Leben unserer Freundin in Ordnung bringen. Wir müssen auch nichts Tiefgründiges sagen. Wenn wir einfach für sie da sind, legen wir einen Mantel der Liebe um ihre Schultern in einer Zeit, in der sie sich höchstwahrscheinlich sehr alleine fühlt.

„Ich warte auf euch!“

Marie lag 15 Jahre im Wachkoma

Klaus Rösler

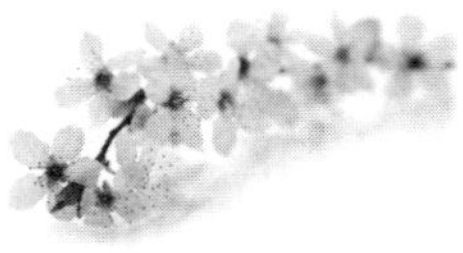

„Leben im permanenten Ausnahmezustand“ – das prägt unseren Lebensstil seit jenem 19. September 1998. Die damals fünfjährige Marie klagt an dem Tag über starke Kopfschmerzen. Meine Ehefrau Sabine will mit ihr zum Arzt. Sie sagt den Nachbarn Bescheid, die auf Maries drei Jahre ältere Schwester Lara aufpassen sollen. Als Sabine nach zwei Minuten zurückkommt, ist Marie bewusstlos. Sabine beatmet sie. Nachbarn rufen den Rettungswagen. In der Uniklinik Gießen wird Marie notoperiert. Die Ärzte machen uns wenig Hoffnung. Lebensgefahr. Es stellt sich heraus, dass Marie ein Aneurysma hat, eine krankhafte Veränderung im Kopf. Eine Ader ist geplatzt. Ihr Blut hat Stammhirn und Kleinhirn beschädigt. Acht Stunden lang dauert die Operation. Der operierende Arzt hat dann eine gute Nachricht: Marie lebt. Ich bin an dem Tag auf Dienstreise in Berlin. Von dem Drama in meiner Familie erfahre ich erst nach meiner Rückkehr.

Nach der OP gibt es Komplikationen. Zweimal werden wir in die Klinik gerufen, um uns von Marie zu verabschieden. Die Ärzte fragen uns, ob wir ihre Organe spenden wollen. Doch sie überlebt – im Wachkoma. Das ist wie ein tiefer Schlaf. Nur manchmal gelingt ihr sehr eingeschränkt die Kommunikation mit der Außenwelt. Dann verfolgt Marie mit ihren Augen, was um sie herum passiert, oder versucht, mit den Fingern etwas zu greifen. Darüber hinaus ist sie schwerstpflegebedürftig. Sie muss beatmet und künstlich über eine Magensonde ernährt werden. Die Sauerstoffsättigung ihres Blutes und ihr Puls werden ständig überwacht.

Zwei Monate lang bleibt sie im Krankenhaus. Dann geht es weiter in die Kinderklinik Park Schönfeld, rund 170 Kilometer von unserem Wohnort entfernt. Die Klinik wird für die nächsten sechs Jahre ihr Zuhause. 2005 erfolgt erneut ein Umzug. Seitdem lebt sie in einer Einrichtung für beatmungspflichtige Kinder in Siegen, der „Kinderinsel". Sie hat dort ein großes Zimmer mit eigenen Möbeln und wird doch wie auf einer Intensivstation versorgt. Dieses Zimmer wird auch für uns ein Zuhause. Mit dem Personal bilden wir eine Großfamilie. Denn wir sind – mit Ausnahme von zwei Wochen in den Ferien – zwei- bis dreimal in der Woche bei Marie. Wir wollen sicherstellen, dass Marie trotz allem ein gutes Leben hat. Deshalb gehen wir mit ihr im Rollstuhl spazieren, bummeln mit ihr durch die Stadt – mit Beatmungsgerät und Notfallausrüstung – oder über den Weihnachtsmarkt, organisieren Ausflüge – auch zu uns nach Hause –, oder ich sitze mit ihr im Sommer im Planschbecken im Innenhof der „Kinderinsel“. Wir lesen ihr Bücher vor, singen, erzählen von zu Hause, besuchen mit ihr die Gottesdienste in der nahe gelegenen Kinderklinik.

Seit Oktober 2013 geht es Marie schlecht. Zweimal erklären uns die Ärzte, dass sie die nächsten Tage nicht überleben wird. Aber ich will Marie nicht gehen lassen, zumal ihre 23-jährige Schwester Lara zu dem Zeitpunkt in wichtigen Prüfungen ihres Studiums der Neurowissenschaften steckt. Deshalb „besteche“ ich Marie: Wenn sie noch mal zu Kräften kommt, gehen wir einkaufen. Das wirkt. Und so bitte ich eine jüngere Krankenschwester, mit Marie und mir shoppen zu gehen. Wir kaufen ihr drei schicke Oberteile, einige T-Shirts, zwei Leggings und Kleinigkeiten wie Zopfbänder. Dabei sorgen wir mit dem Rollstuhl für große Betroffenheit bei den anderen Kunden.

Am Tag vor Heiligabend sind wir noch einmal bei ihr. Die Heilpädagogen der „Kinderinsel“ haben eine Weihnachtsfeier vorbereitet. Doch Marie geht es sehr schlecht. Ihre Körpertemperatur ist unter 32 Grad, ihr Puls schlägt weniger als 40-mal in der Minute. Ein Onkel und eine Tante haben ein Weihnachtsgeschenk geschickt. Das packen wir gemeinsam aus. Als wir ihr das Halstuch umlegen, macht sie noch einmal kurz die Augen auf. Wir verabschieden uns und versprechen ihr, am nächsten Tag wiederzukommen, um mit ihr Weihnachten zu feiern. Doch schon morgens erhalten wir einen Anruf vom Chefarzt: Marie sei friedlich eingeschlafen. Zwei Krankenschwestern haben ihre Hände gehalten. Auch der Arzt war bei ihr. Natürlich fahren wir hin – und sitzen noch drei Stunden bei ihr. Erstmals ist es ganz ruhig in ihrem Zimmer. Die Beatmungsmaschine ist ausgeschaltet und auch ihr Monitor. Sie sieht aus wie am Tag zuvor.

Die Tageslosung an Maries Todestag lautet: „Gott legt uns eine Last auf, aber er hilft uns auch“ (Psalm 68,20; Luther). Wir können heute bekennen: Das haben wir erlebt. Viele Christen haben für Marie und uns gebetet. Sie haben über uns gelesen, im Radio gehört oder uns im Fernsehen gesehen. Immer wieder erhalten wir Rückmeldungen: „Wir beten für euch.“ Dass wir immer gerne unsere Tochter besucht haben und es nicht als Belastung empfunden haben, ist sicher eine Folge dieser Gebete – auch, dass unsere Ehe noch hält. Gottes Nähe und Freundlichkeit haben wir durch Mitchristen erfahren, die uns völlig unspektakulär geholfen haben. Als Lara noch Schülerin war und nicht mit zu Marie wollte, fanden wir an jedem Sonntag eine „Ersatzfamilie“, bei der sie bleiben konnte. Und bei Maries Beerdigung brauchten wir uns um fast nichts zu kümmern. Das war eine große Entlastung.

Die Traueransprache hielt Maries Klinikseelsorgerin. Ihr gelang es, einer großen Trauergemeinde zu verdeutlichen, dass Marie ein zwar eingeschränktes, aber doch sinnvolles Leben gelebt hat. Sie sprach über eine ungewöhnliche Bibelstelle, nämlich wie der Prophet Elia Gott im sanften Säuseln des Windes erlebte. So habe es auch Marie immer wieder erfahren: Gott war bei ihr. Auch wenn sich die Seelsorgerin gewünscht hätte, dass Gott Marie geheilt hätte.

Wir haben nach ihrem Tod zahlreiche Karten und E-Mails bekommen – mit vielen trostvollen Worten. Besonders ermutigt hat uns eine E-Mail: „In allem Abschiedsschmerz seid gewiss: Marie erlebt jetzt voller Jubel und Freude das große Aufatmen ihres Lebens – ich stelle mir vor, dass sie jetzt neben euch ist und versucht, euch zu sagen: ‚Mir geht es blendend, ich will nicht zurück! Ich warte auf euch! Weint nicht um mich, mir geht es gut. Aber wenn ihr trauert, weint, wie es eurer Seele gut tut. Ich danke euch von Herzen für alle Liebe, mit der ihr mich geliebt habt! Ich liebe euch! Eure Marie.'"

Wo ist Gott, wenn wir leiden?

Die Geschichte in Markus 4,35–40 zeigt, dass Jesus immer alles unter Kontrolle hat: Jesus schläft im Boot, während ein Sturm tobt und seine Jünger verzweifeln. Als sie nicht mehr aus noch ein wissen, rufen sie: „Herr, kümmert es dich nicht, dass wir untergehen?" Und was tut Jesus? Er befiehlt dem Wind und den Wellen, und als das Meer augenblicklich ruhig wird, dreht er sich zu seinen Jüngern um und fragt: „Warum habt ihr solche Angst?"

Wo ist Gott, wenn wir leiden?

Er ist mit im Boot, auch in den Stürmen des Lebens.

Die irische Missionarin Amy Carmichael berichtet von einem Gespräch mit einem indischen Goldschmied am Straßenrand. Er erzählte: „Wenn ich Silber oder Gold in den Schmelztiegel über dem Feuer lege, bleibe ich daneben sitzen und beobachte alles ganz genau. Denn wenn ich den exakten Schmelzpunkt nur um einen kurzen Moment verpasse, ist das Metall beschädigt. Aber erst dann, wenn ich mein Spiegelbild darin sehen kann, bin ich mit dem Veredelungsprozess zufrieden."

Wo ist Gott, wenn wir leiden?

„Er wird sitzen und schmelzen und das Silber reinigen" (Maleachi 3,3; Luther). Was für ein Trost ist es zu wissen: In schweren Tagen ist Jesus uns besonders nah! Er lässt uns nicht allein.

In der Bibel lesen wir, dass wir nicht überrascht sein sollen, wenn Prüfungen über uns kommen. Gott ist keineswegs der Verursacher unserer Leiden, aber in der Feuerprobe zeigt sich unser Charakter – jetzt wird deutlich, woraus wir gemacht sind.

Warum gibt es so viel Schmerz auf dieser Welt? Wir wissen es nicht. Aber wir sollen darauf vertrauen: Gott ist mitten im Leid. Er heilt noch immer verletzte Körper und verwundete Seelen. Wenn Ihnen momentan die Hitze des Schmelztiegels unerträglich scheint, werfen Sie Ihre Hoffnung nicht weg. Gott hat die Kontrolle nicht verloren.

Das Geschenk, weinen zu können

Ja, Weinen ist erlaubt. Durch das Weinen vergeht der Zorn. Wir spüren, dass Weinen uns guttut. „Wein dich ruhig aus!", ermutigen wir einander. Weinen löst die Anspannung der Trauer. Lassen Sie den Tränen also freien Lauf. Wenn Ihre Augen rot und verquollen sind – wen stört's? Ihr Gesicht wird bald wieder normal aussehen und in der Zwischenzeit wird es Ihnen um einiges besser gehen. „Es gibt eine Zeit zum Weinen", lesen wir in der Bibel (Prediger 3,1–4). Der Tod eines geliebten Menschen läutet eine solche Zeit ein. Tränen der Trauer gehören zum Heilungsprozess dazu.

Seien Sie Gott gegenüber ehrlich

Es ist wichtig, dass wir Gott ehrlich sagen, wie wir uns fühlen. Wir sind fühlende Wesen. Gott hat uns so gemacht. Wenn Sie untröstlich sind, können Sie ihm das sagen! Er wird Sie nicht zurückweisen, sondern er wird Sie durch Ihre Trauer hindurchlieben. Er kann sogar mit Ihrem Zorn umgehen. Denken Sie daran, dass er unsere Leiden trug und unsere Schmerzen auf sich lud (Jesaja 53).

Wir haben den Himmel

Die Schöpfung zu betrachten, indem wir zum Himmel schauen, schenkt uns eine neue Perspektive. Der Himmel ist Gottes Schöpfung, das Werk seiner Hände. Wenn wir die atemberaubende Größe der Schöpfung betrachten, gelingt es uns vielleicht zu glauben: „Derjenige, der die Welt in seinen Händen hält, ist auch fähig, mich zu halten und für mich zu sorgen."

Gut für sich selbst sorgen

Wenn Probleme uns überwältigen, vergessen wir oft, für uns selbst zu sorgen. Doch es ist wichtig, darauf zu achten, was wir brauchen, zum Beispiel Zeit, um uns auszuruhen. Wir sollten unsere Bedürfnisse nicht einfach ignorieren, weder die körperlichen noch die geistlichen.

Bei der Trauer gibt es keinen Plan, den wir Schritt für Schritt abhaken können. Wir werden nicht klar und deutlich von einer Phase in die nächste gehen. Vermutlich wird unser Weg uns eher „zwei Schritte vor und einen zurück" führen. Doch wir können verhindern, dass wir zu weit zurückfallen, wenn wir in der Zeit der Trauer für viel Ruhe sorgen. Zu viel Stress kann dazu führen, dass wir in der Trauerarbeit nicht weiterkommen.

Trost suchen bei Gott

Wir brauchen andere Menschen, die die gleiche Erfahrung gemacht haben wie wir. Die mit uns reden, uns verstehen und uns helfen, den Schmerz zu tragen. Aber wir dürfen nicht vergessen, dass nur Einer uns helfen kann, in unserem Schmerz und durch unseren Schmerz zu wachsen. Nur Einer hat die Macht, die Wunden zu heilen, die der Verlust geschlagen hat. Wenn wir die Schockphase hinter uns gelassen haben und wieder klar genug denken können, um zu beten und die Bibel zu lesen, kann die Bibel unser Ruheplatz werden und Gott unser wichtigster Zuhörer. Nicht ausschließlich – denn wir sind dazu geschaffen, mit anderen Gemeinschaft zu haben. Doch die Bibel ist randvoll mit tröstlichen Nachrichten für Menschen, die einen Verlust erlitten haben.

Wir haben Hoffnung

Natürlich ist unser Verlust real, aber wir dürfen anders trauern als diejenigen, die keine Hoffnung haben. Wir haben eine Hoffnung, die auf der Realität der Auferstehung beruht. Wir haben den Heiligen Geist in uns, der eine gegenwärtige Garantie für unsere Zukunft in der Ewigkeit ist (2. Korinther 5,5). Wir haben die Gewissheit, dass wir nicht umkommen (Johannes 10,28). Wir werden unsere Lieben am Tag der Erlösung wiedersehen (1. Thessalonicher 4,17). Zweifelsohne erleben wir Trauer, aber keine Verzweiflung. Wir erleben Einsamkeit, aber wir sind nicht allein, denn wir haben die Wirklichkeit der Gegenwart Christi. Immer wieder begegnen wir Menschen, die großen Kummer oder große Anfechtungen erleiden und doch hoffnungsvoll sind. Sie sind ein lebendiges Zeugnis dafür, dass Gott all das ist, was er zu sein verspricht. Er ist treu und wahrhaftig, „als Beistand in Nöten reichlich gefunden“ (Psalm 46,2; Elberfelder Bibel). Wenden Sie sich in dieser Zeit der Not an Gott und hören Sie sich selbst zusammen mit dem Psalmisten sagen: „Dein Wort ist meinem Munde süßer als Honig“ (Psalm 119,103; Luther).

Abschied, aber nicht für immer

Christine Gosch

„Es sieht sehr schlecht aus“, sagte der Oberarzt. „Ihre Tochter hat einen Hirntumor.“

„Muss ich jetzt sterben?“, fragte meine Elfjährige.

Der Arzt nahm sanft ihre Hände und erklärte ihr, dass eine Operation notwendig sei.

Alles schien so unwirklich. Durch die Fenster des Arztzimmers schaute ich zum Himmel und fragte leise: „Lieber Gott, ist das wahr? Und wenn ja, wozu?“

Auf der Heimfahrt sagte Ricarda: „Mama, mein Leben ist plötzlich ganz anders geworden, so wie New York nach dem 11. September.“

Zwei Tage später war es so weit. Frühmorgens beteten wir in Ricardas Zimmer miteinander und befahlen unsere Tochter den Händen Gottes an, des größten Arztes. Unser Pastor salbte Ricarda mit Öl. Sie war so tapfer und sagte: „Ich werde das schon schaffen!“ Die OP dauerte von acht Uhr morgens bis nachmittags um fünf. Mein Mann und ich weinten und beteten und versuchten, uns gegenseitig zu trösten. Unsere Nerven waren bis aufs Äußerste gespannt.

Als Ricarda am Abend aufwachte, blickte sie uns an und sagte kaum hörbar: „Papa, ich hab euch lieb!“ Wie glücklich waren wir! Unsere Tochter war wieder aufgewacht, erkannte uns und konnte Arme und Beine bewegen.

Da der Tumor nicht vollständig entfernt werden konnte, bekam Ricarda Chemotherapie und Bestrahlungen. Insgesamt 72 Bestrahlungen, jeweils morgens und mittags über sieben Wochen. Ihre schönen langen blonden Haare mussten abgeschnitten werden.

Danach durfte Ricarda ein ganzes Jahr zu Hause verbringen

und auch wieder die Schule besuchen. Ihre Haare wuchsen nach und wir freuten uns über jeden Fortschritt. Leider ging es nicht weiter bergauf. Es folgten herbe Rückschläge und erneut waren lange Klinikaufenthalte unter sehr schwierigen Bedingungen nötig.

Ende Dezember flogen Ricarda und ich in die USA. Wir besuchten *Disneyworld* und verbrachten eine Woche am Strand von Florida, wo wir die wunderschönen Sonnenuntergänge bewunderten. Ricarda staunte über alles. Es war für uns beide ein unvergesslich schöner Urlaub.

Im Februar kam dann der nächste Schock: vermehrt Metastasen in Gehirn und Rückenmark! Die Ärzte hatten alle Behandlungsmethoden ausgeschöpft und keine Hoffnung mehr. Wir versuchten eine alternative Behandlung, doch ohne Erfolg.

Trotzdem verlor Ricarda nie die Hoffnung oder ihren Glauben an Gott. Sie wusste, dass er sie lieb hatte und keine Fehler machte. In seiner Weisheit könnte er sie gesund machen oder nach Hause holen, sagte sie. In einem Gedicht schrieb sie: „Ich steh jetzt hier und weiß nicht weiter. Wenn das alles nicht wär, dann ging das Leben doch ganz normal weiter. Lachen und Singen kann ich nicht mehr, denn seht doch auf mein schlechtes MRT! Ich bin traurig und habe Angst, doch ich weiß, dass du's nicht böse mit mir meinst. Ach Gott, ach Gott, hilf mir bitte weiter, mein ständiger Herr und Leiter. Dir allein kann ich vertrau'n, auf dich allein kann ich wirklich bau'n. Hilf mir, mein Gott, in meiner großen Not! Alles Leid hast du mir genommen, darum darf ich singen, darum darf ich hoffen!"

Wir wussten, sie würde bald sterben. Ihr Gedächtnis ließ nach, die Augen erblindeten, sie hörte schlecht und musste im Rollstuhl sitzen. Anfang November hörte sie auf zu sprechen. Aber sie reagierte auf meine Berührungen und drückte meine Hände. Wenn ich sie küsste, erwiderten ihre Lippen meinen Kuss. Sie verstand mich, wenn ich mit ihr sprach oder sang, mit ihr betete oder sie massierte.

Als sich eines Tages meine Eltern nach einem langen Besuch von Ricarda verabschiedeten, drückte sie fest ihre Hände. Mir liefen die Tränen übers Gesicht. Sie sollten sie das letzte Mal sehen. Am Abend spielte mein Sohn auf der Gitarre, und wir sangen ein Lied, das sie schon als kleines Mädchen gerne gesungen hatte: „Tief in meiner Seele kann ich fühlen, dass Gottes Liebe real ist. Schwere Tage mögen kommen, aber ich weiß, er ist mir nah!“ Ricarda gab uns zu verstehen: „Seid nicht traurig. Ich möchte heimgehen.“

Bevor ich an diesem Tag kurz vor Mitternacht einschlief, betete ich: „Gott, weck mich bitte auf, wenn sich Ricardas Zustand verschlechtert!“ Um 2:30 Uhr wachte ich auf. Ricardas Atmung war anders als sonst. Ich holte meinen Mann. Wir legten uns neben Ricarda, streichelten und küssten sie, hielten gemeinsam ihre Hände und sagten ihr, wie lieb wir sie hatten. So blieben wir ganz innig bei ihr und sprachen nur wenig. Sie atmete sehr schwer. Plötzlich setzte ihre Atmung für längere Zeit aus. Nach einem letzten tiefen Atemzug schloss unser geliebtes Kind für immer die Augen.

Ganz friedlich und ohne Schmerzen hatte unser Vater sie heimgeholt. Sie wollte gehen und war bereit dazu. Wie dankbar bin ich, dass ich Ricarda im Glauben an Jesus Christus erzogen habe und sie Jesus als ihren Erlöser und Herrn angenommen hat. Auch dafür, dass unsere Ehe gehalten hat und dass unser Sohn in dieser Zeit gereift ist, statt den Halt zu verlieren.

Wir vermissen Ricarda sehr. Gleichzeitig sind wir unendlich dankbar für die Zeit mit ihr. Gott trägt und tröstet uns durch seine Nähe. Er gibt uns Kraft, damit wir in diesem Lebenskampf durchhalten, ohne zu verzweifeln. In der Bibel gibt er uns die Verheißung: „Er wird alle ihre Tränen trocknen, und der Tod wird keine Macht mehr haben. Leid, Klage und Schmerzen wird es nie wieder geben; denn was einmal war, ist für immer vorbei" (Offenbarung 21,4; Hoffnung für alle). Ja, eines Tages wird er alle unsere Tränen abwischen, in einer neuen Welt ohne Tod und Schmerz. Wie groß wird unsere Freude sein, wenn wir unsere geliebte Ricarda dort umarmen können!

Mein liebes Kind,

ich möchte dir sagen, wie lieb ich dich habe.[1] *Ich liebe dich einfach deshalb, weil du mein Kind bist und ich dein Vater bin.*[2] *Ich liebe dich viel mehr, als der beste irdische Vater es je könnte.*[3] *Mein Herz ist voller Mitgefühl.*[4] *Ich weiß um die schmerzhaften Dinge, die dir in deinem Leben widerfahren sind. Und wenn dein Herz manchmal fast zerbrochen ist, wenn du entmutigt warst und sogar an meiner Liebe gezweifelt hast, dann war ich da und habe alle deine Tränen in einem Krug gesammelt.*[5] *Es tut mir leid, dass diese gefallene Welt dich an Körper und Seele verletzt hat. Bring mir den Schmerz deines Lebens. Ich werde deine Trauer in Freude verwandeln, die dich schmückt wie ein Festkleid.*[6] *Ich will deine Schuldgefühle nehmen und dir meinen tiefen Frieden schenken.*[7] *Immer wenn du traurig bist und dich hoffnungslos fühlst, bin ich da, um dich zu ermutigen und deine Hand zu halten.*[8] *Wenn du wütend auf mich bist, sag es mir.*[9] *Sprich mit mir über das, was du fühlst, und stell mir alle Fragen, die dich beunruhigen.*[10] *Komm zu mir, und lass mich das, wovor du dich fürchtest, durch meine vollkommene Liebe vertreiben.*[11] *Gib deine schmerzhaften Erinnerungen an mich ab, damit ich sie heilen kann.*[12]

In Liebe,
Dein Vater

---

1 Johannes 4,16 | 2 Johannes 3,1 | 3 Matthäus 7,11 | 4 Lukas 7,13 | 5 Psalm 56,9 | 6 Jesaja 61,3 | 7 Johannes 14,27 | 8 2. Thessalonicher 2,16–17 | 9 Jeremia 20,7–9 | 10 Matthäus 7,7–8 und Jakobus 1,5 | 11 1. Johannes 4,18 | 12 Psalm 55,23 und 1. Petrus 5,7

Benita

Wenn aus einem tödlichen Unfall Gutes entsteht

Lidia Murza

„Hallo, Lidia, Benita ist tot!"

Die Stimme meiner Schwester klang schwach, aber ruhig, als sie mir am Telefon mitteilte, dass ihre kleine Tochter von einem Auto überfahren worden war. Erst eine Stunde war vergangen, seit ich ihr Haus verlassen hatte. So schnell ich konnte, eilte ich ins Krankenhaus und betrat den Raum, in dem meine Schwester neben dem reglosen Körper saß. Worte waren überflüssig. Was kann man in solchen Augenblicken auch sagen? Stumm nahm ich sie in den Arm und drückte ihren Kopf an meine Brust.

Als sie endlich die ersten Worte hervorbrachte, sagte sie: „Ich weiß, dass Gott aus allen Dingen etwas Gutes macht. Aber niemals hätte ich gedacht, dass er so etwas zulassen würde."

Während ich meine Schwester im Arm hielt, wanderten meine Gedanken zurück in unsere Kindheit. Wenn ich aus der Schule kam, hatte ich meinen Vater oft unter Tränen im Gebet vorgefunden, kniend auf dem Küchenboden. Wir waren fünf Kinder und unsere Mutter war chronisch krank. So lastete die Verantwortung für die Familie schwer auf den Schultern unseres Vaters. Einmal hörte ich ihn sagen: „Herr, wenn du mit uns bist und meine Familie jeden Tag mit Brot versorgst, werde ich immer an die Armen denken!"

Über die Jahre hinweg sahen wir, wie Gott dieses Gebet erhörte. Und wie unser Vater sein Versprechen hielt. Zudem säte er mit seinem Beispiel den Wunsch in die Herzen von uns Kindern, anderen Menschen in ihrer Not zu helfen – weil wir überzeugt waren, dass Gott unendlich viel mehr tun kann, als wir erbitten oder uns vorstellen können (Epheser 3,20).

Nach Benitas Unfall erhielt meine Schwester eine Geldsumme von der Versicherungsgesellschaft. Sie beschloss, einen Teil davon an rumänische Waisenhäuser zu spenden, und gründete das Kinderhilfswerk „Benita". Auf diese Weise wurde der tödliche Unfall zum Segen für viele Kinder.

Zusammen mit meinem Mann überlegte ich: „Was können wir langfristig für diese Kinder tun?" Wir hatten die Idee, ein Ferienlager zu organisieren, in dem die Waisenkinder von Jesus hören würden.

Das war unser erstes Projekt, das noch immer besteht. Jeden Sommer nehmen Kinder an dem einwöchigen Ferienlager teil und hören, dass Gott sie liebt und wie sie gerettet werden können. Es hat sich so sehr gelohnt! Wir haben viel Freude erlebt und viele großartige Erfahrungen gemacht. Kinder sind etwas Wunderbares, und ich glaube, für fast jede Frau ist es eine der schönsten Erfahrungen, wenn sie ein weinendes Kind zum Lächeln bringen kann.

Im Laufe der Zeit begegneten uns verschiedene Nöte, die Schritt für Schritt zu weiteren Projekten führten: zum Beispiel zu einer Schulkantine, in die Kinder aus armen Familien nach der Schule kommen können, um dort zu essen, bevor sie nach Hause gehen.

Als später viele staatliche Kindereinrichtungen in Rumänien aufgelöst wurden und man stattdessen versuchte, die Kinder in Pflegefamilien unterzubringen, gründeten wir mit unserem Verein zwei Häuser, in denen verlassene Kinder dauerhaft leben können. Es ist so eine Freude zu sehen, wie glücklich diese Kleinen sind und wie geliebt sie sich fühlen! Doch unsere Bemühungen – so gut und wichtig sie auch sind – lösen nicht die Probleme der Kinder, die noch in Heimen leben. Eines Tages kam ich zum Beispiel in ein Kinderheim und fand die Leiterin in Tränen aufgelöst vor. Sie erzählte mir, dass sie gerade mehrere Kindergärten besucht habe, um dort ihre Kinder anzumelden, doch überall habe man sie abgelehnt, weil manche Eltern nicht damit einverstanden waren, dass ihre Kinder in der Gesellschaft von Waisen waren. An jenem Tag versprach ich ihr, dass wir mit Gottes Hilfe einen Kindergarten eröffnen würden, in dem wir alle Waisenkinder aufnehmen würden. Gott half uns, unser Versprechen zu halten: Wir gründeten einen Kindergarten und nannten ihn „Benita“. Im ersten Jahr gab es eine Gruppe mit 18 Waisenkindern.

Heute haben wir drei Gruppen und sind der einzige Kindergarten im Land, der vom Erziehungsministerium anerkannt ist. „Benita“ ist ein Ort, an den benachteiligte Kinder gerne hinkommen, wo sie Grundkompetenzen lernen, Unterricht erhalten und die Liebe und Wärme der Menschen genießen, die sich um sie kümmern. Für viele von ihnen ist das der einzige Ort, an dem sie geliebt werden, Aufmerksamkeit bekommen und Zeit mit Gleichaltrigen verbringen können. Die meisten Kinder in unserem Kindergarten sind sozial benachteiligt, aber wir hatten auch schon Kinder aus wohlhabenden Familien, deren Eltern unsere Einrichtung wählten, weil sie von der Qualität des Unterrichts überzeugt waren.

Es ist traurig, dass Benita viel zu früh in den Himmel gegangen ist. Doch eine kostbare Verheißung finden wir in Römer 8, Vers 28 (Hoffnung für alle): „Das eine aber wissen wir: Wer Gott liebt, dem dient alles, was geschieht, zum Guten. Dies gilt für alle, die Gott nach seinem Plan und Willen zum neuen Leben erwählt hat.“ Wir *vermuten* nicht, wir *tun nicht so, als ob*, wir *hoffen* nicht, sondern wir *wissen mit Sicherheit!* Und das gibt uns Zuversicht, selbst in äußerst schwierigen Lebensumständen.

Gott bezieht in seinen Plan für unser Leben das Gute wie das Böse mit ein. Er bezieht alle unsere Fehler mit ein, alle Sünden, alle Verletzungen. Es gibt nichts in unserem Leben, das Gott nicht zum Guten nutzen könnte. Er nahm das Schlimmste, das jemals geschah – den Tod seines eigenen Sohnes –, und gebrauchte es zum Guten. So erwuchs aus der schlimmsten Sünde die Rettung der Welt.

Dieser Vers – Römer 8,28 – besagt nicht, dass alles, was geschieht, gut ist. Nein, vieles in der Welt ist nicht gut, sondern böse. Aber Gott sagt: „Ich kann dafür sorgen, dass alles so zusammenwirkt, dass Gutes dabei herauskommt.“ Diese Verheißung gilt jedoch nicht jedem. Es ist eine Verheißung für diejenigen, die

Gott lieben. Wenn wir nicht nach Gottes Willen leben, wenn wir seine Einladung zum ewigen Leben nicht annehmen, sondern ignorieren, dann dient uns nicht alles, was geschieht, zum Guten. Gott schuldet uns nichts. Aber er erfüllt die Verheißungen, die er seinen Kindern gegeben hat. Und er verspricht: Denen, die Jesus aufnehmen und an ihn glauben, gibt er das Recht, seine Kinder zu werden (Johannes 1,12).

Er hat seine Mission erfüllt

Magdalena Kaposta

Was kommt nach dem Tod? Ich war Mitte zwanzig, als mich diese Frage beschäftigte. Auf der Suche nach Antworten las ich Bücher über Buddhismus und indische Philosophien, ja sogar Theorien über Außerirdische. Ein paarmal lud ich auch christliche Pastoren zu uns ein. Einer von ihnen schenkte unserem Sohn Emil eine bebilderte Kinderbibel mit über 800 Seiten. Emil las sie an nur fünf Nachmittagen durch. Danach bat er meinen Mann und mich, ihn zur Kirche zu bringen.

Wir sahen uns an und mein Mann sagte sofort: „Bring du ihn hin!" Aber ich war der Meinung, dass sein Vater ihn bringen sollte. Schließlich gingen wir alle zusammen. Emil war glücklich. „Weißt du, Mama", sagte er, „ich habe das Gefühl, dass dort etwas in der Luft liegt."

Schon bei unserem ersten Gottesdienstbesuch wurde mir bewusst, dass meine Sünden mich von Gott trennten. „Wenn ich jetzt sterbe", fragte ich mich, „wo komme ich dann hin?"

Ich beschloss: „Ich will nicht mehr für mich selbst leben, sondern für Gott! Ich glaube, dass Jesus für meine Sünden gestorben ist, und ich nehme sein Geschenk des ewigen Lebens an."

Bald darauf ließ ich mich taufen. Ich war so froh, dass Gott mich zu sich gezogen hatte, und er hatte meinen Sohn dazu gebraucht.

Im Alter von 36 Jahren wurde ich noch einmal schwanger. Da ich zwei Jahre nach Emils Geburt Diabetes bekommen hatte, waren die Ärzte skeptisch, doch immer wieder kam mir ein Bibelvers in den Sinn: „Wir wissen aber, dass denen, die Gott lieben, alle Dinge zum Besten dienen" (Römer 8,28; Luther). Darauf wollte ich vertrauen.

Während meiner Schwangerschaft begann mein Mann, regelmäßig die Kirche zu besuchen, und Gott wirkte auf wunderbare Weise in seinem Leben: Er befreite ihn von seiner Alkohol- und Zigarettenabhängigkeit und veränderte seine selbstgerechte Einstellung. Und dann brachte ich einen Sohn zur Welt. Er wurde auf erblichen Diabetes getestet und der Befund war negativ! Wir waren sehr glücklich und erlebten dies als Geschenk aus Gottes Hand. Emil war inzwischen 17 Jahre alt. Er liebte seinen kleinen Bruder und der Kleine liebte ihn.

Doch wenige Jahre später geschah das Unfassbare: Emil kam bei einem Autounfall ums Leben. Ein abgeschlepptes Fahrzeug hatte sich gelöst und eine direkte Kollision mit Emils Wagen verursacht. Unser Sohn starb noch an der Unfallstelle. Nie vergesse ich den Moment, als die Polizei uns mitteilte: „Ihr Sohn hatte einen tödlichen Autounfall." Ich dachte, ich würde sterben. So groß war der Schmerz, das Entsetzen, die unsägliche

Angst, die mich in diesem Moment durchfuhr. *Mein Kind? Mein Erstgeborener? Für immer fort?*

Die ganze Nacht hindurch hielten mein Mann und ich uns an den Händen und weinten. Am folgenden Tag besuchten uns Freunde und trauerten mit uns. Besonders tröstlich war für uns eine Bibelstelle, auf die ein Freund uns hinwies: „Der Gerechte kommt um, aber es gibt keinen, der es zu Herzen nimmt. Und die treuen Männer werden hinweggerafft, ohne dass jemand es beachtet. Ja, vor der Bosheit wird der Gerechte hinweggerafft; er geht ein zum Frieden. Sie ruhen auf ihren Lagerstätten, jeder, der seinen geraden Weg geht" (Jesaja 57,1–2; Elberfelder Bibel). Wer weiß, welches Leid Emil auf diese Weise erspart geblieben ist!

Eine Frau sagte: „Als ich erfuhr, dass ihr euren Sohn verloren habt, dachte ich sofort: *Emil hat seine Mission erfüllt.*" Die Worte unserer Freundin fielen tief in mein Herz. Ich war sehr traurig, und vieles verstand ich nicht, aber eines wusste ich genau: Weil Emil in die Kirche wollte, kam ich zum Glauben an Gott und später auch mein Mann.

Einige Zeit nach der Beerdigung rief uns der Mann an, der den Unfall verursacht hatte. Er bat um ein Treffen. Gott gab mir die Kraft für diese Begegnung. Mehr noch: Ich war frei von Hass, Bitterkeit und Rachsucht. Stattdessen erfüllte mich vollkommener Frieden. Das war allein Gottes Gnade, denn aus mir selbst heraus hätte ich anders reagiert.

Der Mann erzählte uns, was sich auf der Straße ereignet hatte. Er war sichtlich gebrochen. Mich überkam tiefes Mitgefühl, denn ich war mir der Tatsache bewusst, dass seine Fahrlässigkeit unseren Sohn das Leben gekostet hatte. Mit Schrecken dachte ich: *Ich möchte nicht in seiner Haut stecken!*

Wie üblich hatte ich meine Bibel zur Hand. Ich las ihm daraus vor, erzählte ihm von Gottes Liebe und dass Gott uns durch Jesu Tod am Kreuz Vergebung anbot. „Und wir verzeihen Ihnen auch", fügte ich hinzu. Dann gaben wir dem Mann ein Neues Testament und ein Bild unseres Sohnes. Er weinte und sagte zum Abschied: „Danke, dass Sie dieses Treffen ermöglicht haben. Ich bin zu Ihnen gekommen, um Sie zu trösten, aber nun wurde ich getröstet."

Wir haben dem Mann vergeben. Ja, wir trauern, aber nicht ohne Hoffnung. Unser Trost ist, dass unser Sohn an Jesus geglaubt hat und wir ihn deswegen wiedersehen werden. Dann werden wir einmal für immer gemeinsam bei Gott leben (1. Thessalonicher 4,13–18).

Ein Schatz im dunklen Tal des Todesschattens

Elisabeth Mittelstädt

Jeder kann aus Gutem etwas Gutes machen. Aber Gottes Spezialität ist es, aus Schlechtem etwas Gutes zu machen! Gott liebt es, den Tod in Auferstehung zu verwandeln.

Schon immer hatte ich eine Abneigung gegen die Dunkelheit. Als kleines Mädchen hatte ich im Dunkeln Angst. Ich dachte, dass Böses im Dunkeln lauert, zum Beispiel Monster.

Nein, ich mochte die Dunkelheit noch nie. Der schlimmste Albtraum, den eine Frau durchleben kann, ist, im Dunkeln vergewaltigt zu werden. Als Teenager ist mir genau das passiert: In einer schrecklichen Nacht raubte mir ein junger Mann das kostbare Geschenk meiner Unberührtheit. In der Dunkelheit dieser endlosen Nacht erlebte ich ein Wechselbad der Gefühle: Traurigkeit wurde von Zorn abgelöst, vermischte sich mit Niedergeschlagenheit und schlug um in Verdrängung. Noch dazu entdeckte ich nach einiger Zeit, dass ich schwanger war. Ein Familienmitglied erklärte: „Das ist nur ein Gewebeklumpen. Erst nach drei Monaten wird es ein Baby." Darauf folgte eine schlechte Entscheidung: eine Abtreibung.

Als ich später erfuhr, dass das Leben bereits mit der Empfängnis beginnt, fühlte ich mich betrogen. Ein heftiger Schmerz durchzuckte mein Herz und ich trauerte tief. Das Schlimmste war, dass ich allein trauerte. Wenn ich das Vaterunser betete und bei der Zeile ankam: „Vergib uns unsere Schuld, wie auch wir vergeben unseren Schuldigern", merkte ich: Anderen zu vergeben ist schwer, aber uns selbst zu vergeben ist noch viel schwieriger! Endlich entschied ich mich, meine Opfermentalität aufzugeben, die ständig entweder Mitleid oder Buße verlangte, und öffnete meine verkrampften Finger, die den Schmerz umklammern und festhalten wollten.

Nein, ich mag die Dunkelheit nicht. Umso überraschter war ich, als ich folgende Bibelstelle entdeckte, die mich zutiefst bewegte: „Ich gebe dir Schätze, die im Dunkeln verborgen sind – geheime Reichtümer. Das alles tue ich, damit du weißt, dass ich der Herr bin, der Gott Israels, der dich bei deinem Namen ruft" (Jesaja 45,3; Neues Leben).

„Herr", betete ich aufgeregt, „könnte es sein, dass du mir in dieser Dunkelheit verborgene Schätze geben willst? Versteckst du Schätze an Orten des Leidens?"

Aber im Chaos der Zerbrochenheit nach einem Schatz

zu suchen, ist eine gewaltige Aufgabe. Das kostet Kraft. Da bemerkte ich im zweiten Teil des Verses: Der mächtige, herrliche Gott ruft mich beim Namen! Er kommt mir ganz nah, er sucht die persönliche Beziehung zu mir, denn es gibt nichts Persönlicheres als den Namen. Einen Namen für ein Baby auszusuchen ist ein großes Unterfangen! Mütter kaufen Namensbücher, forschen nach Bedeutungen, lauschen auf den Klang … Es ist eine große Sache! Und Gott, der mächtig und herrlich ist, kommt uns in der Dunkelheit so nahe – so persönlich, so vertraut – und kennt uns mit Namen. Ein Lied, das ich sehr gerne mag, beschreibt, wie Gott die Sterne an den Himmel warf und alles erhält durch die Macht seines Wortes. Und dieser Gott kennt mich mit Namen?

Vor Kurzem saß ich vor dem Fernseher und schaltete durch verschiedene Kanäle. Ich war gerade dabei, dieses Buch zusammenzustellen. Schließlich kam ich zu einer Sendung, in der Menschen interviewt wurden, die vom Himmel berichteten. Gerade kam ein Junge an die Reihe, Colton Burpo. Der Moderator stellte ihn zusammen mit seinen Eltern vor und erklärte, dass Colton notoperiert worden war, nachdem sein Blinddarm geplatzt war. Während der Operation war er für kurze Zeit im Himmel gewesen.

Interessiert hörte ich zu. *Was kann ein acht- oder neunjähriger Junge schon über den Himmel erzählen?*, dachte ich. Colton schien sich seiner Sache sehr sicher zu sein. Mit Nachdruck erklärte er: „Heaven is real!" („Den Himmel gibt's echt!")

Der Fernsehmoderator fragte Colton: „Du hast im Himmel deine Schwester getroffen. Woher wusstest du, dass das deine Schwester war?"

„Ach", meinte Colton, „dieses kleine Mädchen rannte auf

mich zu und umarmte mich. Dann sagte sie, dass sie meine Schwester ist und dass sie im Bauch meiner Mama gestorben ist. Aber sie hatte keinen Namen, weil Mama und Papa ihr keinen gegeben hatten."

Die nächste Frage richtete sich an Sonja, Coltons Mutter: „Wusste Colton von dieser Fehlgeburt?"

„Nein", antwortete Sonja. „Colton war erst vier Jahre alt und wir haben dieses schmerzliche Erlebnis niemandem erzählt. Es war noch ziemlich früh in der Schwangerschaft."

Plötzlich dachte ich an mein erstes Kind, das ich als Teenager verloren hatte. *Mein Kind hat auch keinen Namen!*, fuhr es mir durch den Kopf. Ich setzte meine Arbeit an dem Buch fort, und während ich immer wieder einmal an mein Baby dachte, bemerkte ich zu meiner Verwunderung, dass sich etwas verändert hatte: Die Erinnerung war zwar noch da, aber nicht der Schmerz. Meine Fragen nach dem Warum waren verstummt. Ich verspürte kein Bedürfnis mehr zu wissen, warum mein Baby sterben musste. Stattdessen hatte Gott mich behutsam zurückgebracht zu sich selbst, zu seiner Gegenwart, zu seinem Sohn Jesus. Und tief in meinem Herzen erkannte ich die tröstliche Wahrheit: Das „Warum" werde ich wohl nie verstehen, aber dem „Wer" kann ich immer vertrauen. In Gott bin ich geborgen.

Dass ich mein Kind verloren habe, ist Teil meiner Geschichte. Aber ich habe gelernt, Verlust in mein Leben zu integrieren. Auch nach einem schmerzlichen Verlust kann das Leben immer noch gut sein – nur anders.

Als ich mit meinem Mann darüber sprach, sagte ich: „Wäre es nicht schön, wenn es ein Mädchen wäre?"

Er fragte: „Wie würdest du es nennen?"

„Lydia!", sagte ich, ohne zu zögern. „Ich würde es ‚Lydia' nennen, weil so viele Menschen mich schon so genannt haben." Diesen Namen habe ich sozusagen geerbt, nachdem ich 1986 die Zeitschrift LYDIA gegründet hatte. Damals hatte ich den Namen gewählt, weil ich an die Lydia in der Apostelgeschichte dachte, die erste Christin in Europa.

Ich überlegte, was der Name wohl bedeutete. Die Bedeutung eines Namens ist in der Bibel sehr wichtig. Oft spiegelt er den späteren Charakter eines Menschen wider. Ich holte mein altes Namensbuch hervor und las: „Lydia – Bedeutung: feminin. Geistliche Assoziation: wunderschönes Licht. Bibelstelle: 2. Korinther 4,6 (Neue Genfer Übersetzung): ‚Denn derselbe Gott, der gesagt hat: »Aus der Finsternis soll Licht hervorstrahlen!«, der hat es auch in unseren Herzen hell werden lassen, sodass wir in der Person von Jesus Christus den vollen Glanz von Gottes Herrlichkeit erkennen.'"

Vor 28 Jahren wählte ich diesen Namen für die Zeitschrift, ohne dessen Bedeutung zu kennen. Nun erfuhr ich, wie perfekt der Name zu ihrem Charakter passte. Denn genauso beschrieben Leserinnen die Zeitschrift immer wieder: Durch die Geschichten und Artikel scheint das Licht Jesu. Manche Frauen fügten noch ein „PS" hinzu: „Danke, dass LYDIA gezeigt hat, wann das Leben beginnt. Ich habe meine Tochter Lydia (oder manchmal auch Elisabeth) genannt."

Wenn ich an meine falsche Entscheidung als Teenager denke, wird mir klar: Ja, ich habe mein kostbares Baby verloren, aber andere haben ihr Baby behalten. Und ich frage mich: Hätte ich mich so leidenschaftlich für den Schutz ungeborenen Lebens eingesetzt, wenn ich diese Abtreibung nicht durchgemacht hätte? Nichts und niemand konnte Gott davon abhalten, aus den schlimmsten Erlebnissen meines Lebens sowie aus persönlichem Versagen etwas Gutes hervorzubringen. Verstehen Sie mich bitte nicht falsch: Eine Abtreibung ist nicht richtig. Ich glaube nicht, dass sie zu Gottes Plan für mein Leben gehörte. Aber das Baby, das daraus hervorging, war nichts Böses. Ich bin tieftraurig, wenn ich an dieses kostbare Kind denke, das gar nicht erst die Chance erhielt zu leben. Doch als ich die Wahrheit erfuhr, dass das Leben im Augenblick der Zeugung beginnt, weckte diese Wahrheit in mir eine lebenslange Leidenschaft, zum Schutz dieser kostbaren Kleinsten beizutragen. In seiner erstaunlichen Gnade hat Gott beschlossen, aus diesen schlimmen Erfahrungen Gutes hervorzubringen.

• •

„Warum kann ich nicht einfach sterben?“

„Es ist nicht, wie es sein sollte. Es ist nicht, wie es hätte sein können. Aber es ist, wie es ist“, sagte Rick Warren, nachdem sich am 6. April 2013 sein Sohn Matthew im Alter von 27 Jahren das Leben genommen hatte. Er hatte sich mit einer Waffe erschossen. „Das war nicht Matthews Bestimmung“, meinte Rick Warren weiter, „aber am Ende will ich immer noch auf Gottes Güte vertrauen.“

Nach Matthews Tod wurde bekannt, dass er schon sein ganzes Leben lang psychisch krank gewesen war. Nur seine engsten Freunde und Familienmitglieder hatten davon gewusst. Trotz der Behandlung durch die besten Ärzte und Seelsorger sowie vieler Gebete um Heilung versank Matthew immer wieder in schweren Depressionen und hatte mit Selbstmordgedanken zu kämpfen.

Im ersten Interview, das seine Eltern Kay und Rick Warren im September 2013 gaben, erklärten sie, warum sie nicht öffentlich über Matthews Erkrankung gesprochen hatten. „Matthew war schon als kleines Kind psychisch krank“, sagte Rick Warren. „Von Anfang an war für Kay und mich klar: Eines Tages würden wir öffentlich über dieses Thema sprechen. Doch der Hauptgrund, warum wir bisher geschwiegen haben, war: Es war Matthews Geschichte, und er selbst sollte die Möglichkeit haben, sie zu erzählen."

Kay fügte hinzu: „Wir haben so oft gebetet, dass Gott ihn durch ein Wunder heilen oder dass er durch Therapien und Medikamente sein Leben so weit in den Griff bekommen würde, dass er eines Tages seine Geschichte erzählen könnte. Wir wollten ihn davor beschützen, dass andere Menschen jeden seiner Schritte beobachten und kommentieren. Das war das Letzte, was er brauchte. Er litt sowieso schon darunter, im Rampenlicht zu stehen."

Später hielt Kay einen Vortrag vor Menschen, die ebenfalls Familienmitglieder durch Selbstmord verloren hatten. Sie erzählte, dass Matthew bereits im März versucht hatte, sich das Leben zu nehmen – ohne Erfolg. Nach einigen Tagen wurde er aus der Klinik entlassen. Kaum zwei Wochen später versuchte er es wieder – dieses Mal erfolgreich. Matthews Tod stürzte die ganze Familie in eine „katastrophale Trauer". Wie diese Trauer aussieht, beschrieb Kay so:

- Chaotisch. Man weiß nicht, wohin mit seiner Wut, denn der, den man verloren hat, ist der Täter.
- Voller Schuldgefühle. Fast jeder fragt sich irgendwann: „Hätte ich es verhindern können? Hätte ich mehr tun sollen? Was wäre, wenn ich das gesagt oder jenes getan hätte?"
- Vereinnahmend. Immer wieder geht einem der Tag des Selbstmords durch den Kopf.
- Erschöpfend. Diese Art von Trauer ist extrem harte Arbeit.
- Einsam. Die Trauer führt einen in die Isolation. Oft fühlt man sich, als gäbe es nur einen selbst, das Universum und Gott.
- Nie abgeschlossen. Das Leben wird nie wieder so sein, wie es einmal war. Aber es wird wieder gut sein.
- Rückwärtsgewandt: Die Trauer reißt andere Wunden wieder

auf, die noch nicht vollständig betrauert und verarbeitet worden sind.

Kay erklärte: „Ich glaube, dass ich für den Rest meines Lebens Tränen in den Augen haben und erst dann wirklich getröstet sein werde, wenn Gott meine Tränen eines Tages von meinem Gesicht abwischen wird. Gott ist inmitten unserer Ruinen immer noch mächtig. Aber alles, was ich im Augenblick schmecken kann, sind bittere Tränen. Jeden Morgen, wenn ich aufwache, und jeden Abend, wenn ich meinen Kopf aufs Kissen sinken lasse, steht mir die Realität vor Augen: Matthew ist nicht hier und er wird nie wieder zurückkommen. Aber ich weiß, dass es ihm gut geht. Er liegt nicht in einem tiefen Schlaf. Er hat sich nicht mit dem Universum verbunden. Er ist nicht ein Teil des Waldes geworden. Er hat nicht aufgehört zu existieren. Als sein Körper auf dem Boden aufschlug, war er schon in der Gegenwart Gottes. Und in der Vollkommenheit des Himmels wurde seine kranke Psyche geheilt."

„Matthew nahm sich das Leben, nachdem er jahrelang von Selbstmord geredet hatte", erzählten seine Eltern. „Er hatte seinen Vater sogar gefragt: ‚Warum kann ich nicht einfach sterben?'"

„Schmerz hat einen Sinn!", sagte Rick Warren. „Und ich vertraue Gott auch jetzt noch, nach diesem Tag, von dem ich gehofft und für den ich gebetet hatte, dass er nie kommen würde. Ich habe niemals meinen Glauben an Gott infrage gestellt, aber ich habe Fragen, was Gottes Plan betrifft. Das ist ein großer Unterschied. Ich weiß, Gott ist gut. Aber nicht alles, was in der Welt geschieht, ist gut oder Gottes Wille. Alles, was geschieht, hat Gott zugelassen, denn ohne seine Erlaubnis hätte es nicht geschehen können. Doch wir leben in einer Welt, in der Menschen freie

Entscheidungen treffen können. Wenn ich mich entscheide, etwas Falsches zu tun, kann ich nicht Gott dafür die Schuld geben. Gott trägt also nicht die Schuld am Tod meines Sohnes. Mein Sohn hat sich das Leben genommen, es war seine Entscheidung."

Als Rick Warren sechs Wochen später in den Predigtdienst zurückkehrte, begann er zusammen mit seiner Frau eine Predigtreihe zum Thema „Trauer". Zu diesen Gottesdiensten kamen jeden Sonntag mehr als 30.000 Besucher. Die Predigten wurden auch von mehreren großen Fernsehsendern übertragen.

Rick und Kay Warren möchten in Zukunft Menschen im Umgang mit psychischen Erkrankungen unterstützen. „Wir schämen uns nicht, wenn irgendein anderes Organ in unserem Körper versagt", meint Rick Warren. „Warum also sollten wir uns schämen, wenn unsere Psyche krank ist? Ich werde diesen Schmerz nicht verschwenden. Ich glaube, dass Gott unseren Schmerz niemals vergeuden will, im Gegenteil: Unser wirkungsvollster Dienst erwächst oft aus unserem tiefsten Schmerz. Ich weiß noch, wie ich in mein Tagebuch schrieb: ‚In Gottes Garten der Gnade tragen sogar gebrochene Bäume Früchte.'"

Rick und Kay Warren haben 1980 die „Saddleback Church" in ihrem Wohnzimmer gegründet. Heute hat die Gemeinde mehr als 20.000 Mitglieder und zahlreiche Tochtergemeinden in Südkalifornien. Rick ist Autor des Bestsellers „Leben mit Vision", von dem bereits mehr als 50 Millionen Exemplare verkauft wurden.

Kommen Selbstmörder in den Himmel?

Vom christlichen Standpunkt her ist Selbstmord falsch, weil er das Verbot verletzt, ein unschuldiges menschliches Leben zu beenden. In der Schrift wird er nirgendwo direkt oder indirekt geduldet. Egal, wie sehr wir versuchen, Selbstmord zu entschuldigen, er ist eine Sünde, die Buße und Gottes Vergebung bedarf. Die Tat des Selbstmordes richtet sich nicht nur gegen sich selbst. Andere sind ebenfalls davon betroffen. Häufig ist das bewusste Absicht.

Auf der anderen Seite gilt aber auch: Egal, wie ernst die Sache ist, sie ist sicherlich verzeihlich, wie jede andere Sünde. Der Unterschied zwischen dieser Sünde und den meisten anderen ist der, dass auf eine Sünde normalerweise eine Zeit der Gnade folgt, die Reue ermöglicht. Obwohl Reue notwendig ist, um die Gemeinschaft zu erneuern, die durch die Sünde verletzt wurde (1. Johannes 1,5–10), sagen diejenigen, die glauben, dass sie ihr Heil niemals verlieren können, genauso wie diejenigen, die glauben, dass man es verlieren kann, dass eine einzige Sünde das Heil nicht verwirken kann. Würde ein Christ, der im Zuge eines Wutanfalls einen Herzinfarkt erleidet, ohne Vergebung auf Gott treffen? Ist Zorn unter solchen Umständen eine unverzeihliche Sünde? Nein, der erlöste Selbstmörder, der ungebeten vor Gottes Angesicht stürzt, wird vom Vater angenommen wegen des Einen, der sein eigenes Leben freiwillig als Opfer gab.

Robertson McQuilkin
Biblische Ethik, CVD

Himmel

Wird es im Himmel langweilig sein? Auf keinen Fall! Und zwar aus folgenden Gründen:

Gott wird da sein.
„Du zeigst mir den Weg zum Leben. Dort, wo du bist, gibt es Freude in Fülle; ungetrübtes Glück hält deine Hand ewig bereit" (Psalm 16,11; Neue Genfer Übersetzung).

Wenn wir in den Himmel kommen, gelangen wir in die Nähe Gottes. Aus seiner Hand empfangen wir ewiges Glück. In seiner Gegenwart finden wir überreich alles, was wir brauchen, und absolute Freude. Der Himmel ist der Ort, an dem Gott ist, und Gott ist alles andere als langweilig!

Wir werden da sein.
„Ich sage euch jetzt ein Geheimnis: Wir werden nicht alle sterben, aber bei uns allen wird es zu einer Verwandlung des Körpers kommen" (1. Korinther 15,51; Neue Genfer Übersetzung).

Was sagt dieser Vers über uns aus? Wir werden verwandelt werden! Unser Körper wird vollkommen gesund sein, nicht mehr blind, taub, krank oder behindert. „Wir dagegen sind Bürger des Himmels, und vom Himmel her erwarten wir auch unseren Retter, Jesus Christus, den Herrn. Er wird unseren unvollkommenen Körper umwandeln und wird ihn seinem eigenen Körper gleichmachen, der Gottes Herrlichkeit widerspiegelt" (Philipper 3,20–21; Neue Genfer Übersetzung).

Unsere Freunde werden da sein.
„Ihr dagegen seid zum himmlischen Berg Zion gekommen und in die Stadt des lebendigen Gottes. Das ist das himmlische Jerusalem, wo ihr Gott zusammen mit seinen vielen Tausend Engeln

bei einem großen Fest anbetet. Ihr gehört zu seinen Kindern, die er besonders gesegnet hat und deren Namen im Himmel aufgeschrieben sind. Ihr habt eure Zuflucht zu Gott genommen, der alle Menschen richten wird. Ihr gehört zu derselben großen Gemeinde wie alle diese Vorbilder des Glaubens, die bereits am Ziel sind und Gottes Anerkennung gefunden haben" (Hebräer 12,22–23; Hoffnung für alle).

Zu den aufregenden Erfahrungen im Himmel gehört auch, dass wir die Gelegenheit haben werden, Menschen aus ganz verschiedenen Epochen der Geschichte zu treffen. Wenn wir zusammen im Himmel leben, können wir uns mit Menschen anfreunden, die wir nur aus Büchern kennen – Menschen wie Sara, Rebekka und Ester oder Corrie ten Boom und Susanna Wesley. Wir werden die goldene Straße entlanggehen und sagen: „Oh, da ist ja Maria!"

Der Himmel wird unsere tiefste Sehnsucht stillen.
„Gott hat [...] die Ewigkeit in die Herzen der Menschen gelegt" (Prediger 3,11; Neues Leben).

Gott selbst hat die Sehnsucht nach *mehr* in uns hineingelegt. Er hat einen kleinen Raum in uns geschaffen, der durch nichts gefüllt werden kann als durch die Ewigkeit. Er hat uns alle mit einem tiefen Hunger nach ihm und dem Himmel geschaffen und auf keine andere Weise können wir jemals vollkommen zufrieden sein.

KAPITEL 3

Spuren hinterlassen

Welches Vermächtnis gebe ich weiter?

Niemand ist von Trauer ausgenommen. Sie ist hineingewoben in den Stoff des Lebens. Aber manche von uns müssen der Trauer besonders früh ins Angesicht schauen – nämlich dann, wenn sie schon als Kind oder junger Mensch eine wichtige Bezugsperson verlieren. Damals haben sie vielleicht noch keine Worte gefunden, um ihren Schmerz auszudrücken. Doch heute können sie erzählen, wie das Leben und der Tod des geliebten Menschen sie beeinflusst oder verletzt hat.

Schon früh mit der Realität des Todes konfrontiert zu werden kann – neben dem Schmerz – auch eine Chance sein: Es zeigt uns, wie vergänglich das Leben ist. Flüchtig wie ein Hauch und doch von äußerster Wichtigkeit, denn unsere Entscheidungen, die wir in diesem Leben treffen, haben Auswirkungen auf die Ewigkeit und auch auf die nächste Generation.

Deshalb betet der Psalmist: „Herr, erinnere mich daran, wie kurz mein Leben ist. Und dass meine Tage gezählt sind, damit ich erkenne, wie vergänglich mein Leben ist. Mein Leben währt nicht länger als die Breite meiner Hand und ist vor dir nur wie ein Augenblick. Nur wie ein Hauch ist jeder Mensch, wie sicher er auch steht“ (Psalm 39,5–6; Neues Leben).

Die folgenden Seiten laden Sie dazu ein, ein Leben zu führen, das Sie am Ende Ihrer Tage nicht bereuen werden.

Oma, meine Heldin

Natalie Schwarz

„Tschüss, Oma!“, sagte ich und lächelte ihr zu.

„Nicht ‚Tschüss‘“, erwiderte sie – das Wort mochte sie nie –, „sondern ‚Auf Wiedersehen‘!“

Es gab kein Wiedersehen. Keinen richtigen Abschied. Und doch begleiten mich Omas Worte und ihr Vermächtnis jeden Tag …

Oma starb in den sechs Tagen unseres Urlaubs. Was würde ich dafür geben, um noch einmal ihre Hand zu halten, einen Kuss auf ihre warme Wange zu drücken oder ihre tröstenden Worte auf mich niederrieseln zu lassen! Ich muss zugeben, das sind egoistische Wünsche. Denn ich weiß, Omas kurzes Leiden hat nun ein Ende. Sie befindet sich in ewigem Frieden. Und doch: Ich vermisse sie. Nach über einem Jahr ist der Gedanke an ihren Heimgang immer noch schmerzhaft.

Oft ertappe ich mich dabei, dass ich mir in einer schwierigen Situation ihren Rat wünsche. Dass ich mich danach sehne, ihre sanfte Art zu spüren. Wer wird da sein, wenn ich das nächste Mal entmutigt und am Boden zerstört bin? Wer wird mich trösten mit einem Wort aus der Bibel? Wer wird vorangehen, wenn ich mich nach einem Vorbild sehne? Oma war ein Vorbild für mich. Nie habe ich sie schlecht über andere reden hören. Stets war sie um ihre Mitmenschen bemüht, hatte immer den passenden Bibelvers parat.

Wenn ich an Oma denke, kommen Erinnerungen hoch, die mein Leben geprägt haben: wie ich bei ihr Puppen baden und ankleiden durfte. Wie Oma mir Blumen von Postkarten abzeichnete, damit ich sie ausmalen konnte. Oder wie ich ein Mittagsschläfchen halten sollte neben meinem schnarchenden Opa und der Pendeluhr, die jede halbe Stunde schlug. Der

Speck im Borschtsch, an dem wir Enkel nie vorbeikamen. Das gemeinsame Beerenpflücken im Garten. Und die Gewissheit, dass Oma für jeden ein Bonbon in ihrer Tasche hatte.

Ich erinnere mich daran, wie Oma alle zum Singen bringen wollte, und an ihr Geburtstagsständchen mit Bibelvers und Gebet für jedes Geburtstagskind aus der Verwandtschaft. Weitere Erinnerungen sind Omas Erzählungen aus ihrem Leben, die wir so gerne wieder und wieder hörten. Begeistert beschrieb sie, wie Opa gerade sie ausgewählt hatte und wie stolz sie war, neun Kinder großzuziehen. Oma war es, die mir beibrachte, Knöpfe anzunähen und mit einer alten Nähmaschine Taschen anzufertigen. Sie war es, die mich oft vom Kindergarten abholte und zur Kirche mitnahm. Und Oma war es, die mit einem Schuh in der Hand hinter einem Jungen herlief, der mich getreten und geschlagen hatte, sodass ich tränenüberströmt bei ihr angekommen war.

Da ich bei der Beerdigung nicht persönlich anwesend sein konnte, schrieb ich einen Brief, den meine Cousine vorlas – meine letzten Worte an Oma:

„Meine Oma ist meine Heldin. Nicht nur, weil sie uns alle mit Leib und Seele verteidigt hat, sondern vor allem, weil ihr unsere Seele nie egal war. Ich weiß, dass Oma tagtäglich für jeden Einzelnen aus ihrer Familie ein persönliches Gebet gesprochen hat, um alle zu segnen und für Gesundheit, Glauben und Bewahrung zu beten.

Bitte denkt einen Moment darüber nach, wie sehr das Gebet im Leben von jedem von uns gewirkt hat. Vieles ist heute nur deshalb so gut, weil Oma schon vor Jahren in selbstlosem Flehen glaubensstark für uns gekämpft hat.

Oma ist meine Heldin, weil sie gegen den Strom der Welt

furchtlos und voller Vertrauen ihren Glauben ausgefochten hat. Nichts konnte sie abhalten von ihrer Treue zu Jesus Christus: weder Zweifel noch spöttische Kommentare noch ein ungläubiges Umfeld.

Oma ist meine Heldin, weil sie immer genau das richtige Wort für mich parat hatte, wenn ich mit schwerem Herzen zu ihr kam. Nie hat sie nach dem Grund gefragt, aber immer verließ ich ihre Wohnung ermutigt und geheilt. Ich weiß nicht, wie sie das anstellte. Omas Zuhause war so von Gebet erfüllt, dass es für mich immer wieder zur Oase in der Wüste wurde.

Oma ist meine Heldin, weil sie jeden von uns bedingungslos geliebt hat. Sie hat so viel von ihrem Schöpfer übernommen, dass sie für mich schon früh zu einem Symbol für Heilung, Liebe und tiefem Frieden wurde. Dabei war es nicht Oma selbst, sondern das Wesen Jesu in ihr, das diese starke Anziehungskraft ausmachte …"

In meinem Brief schilderte ich auch einen Traum, der mir nicht mehr aus dem Sinn ging. Oma hatte ihn mir oft erzählt:

„In einer Vision von Gott sah sie eine lange Treppe mit vielen Stufen, die hell schienen, beleuchtet von Jesus, dem Licht selbst, der am Kopf der Treppe stand. Jedes Mal glänzten Omas Augen, wenn sie davon berichtete, wie sie den ersten Schritt machte und im Glauben die Treppe erklomm. Was dann geschah, gab ihr täglich mehr Hoffnung und Zuversicht: Jedes einzelne Kind folgte ihr. Sogar Opa folgte – obwohl viele von uns kaum daran glauben konnten, dass dies Wirklichkeit werden könnte. Doch tatsächlich! Kurz vor seinem Tod schloss Opa Frieden mit Gott. Ich stelle mir vor, wie Oma von Opa schon auf der Treppe empfangen wurde, um gemeinsam dem lebendigen Licht entgegenzugehen. Ich habe keinen Zweifel daran, dass Omas Traum in Erfüllung gehen und jeder von uns diese Treppe hinaufgehen wird.

Ich liebe Oma, meine Heldin. Ich vermisse sie. Und ich strebe von ganzem Herzen danach, eines Tages so eine Oma für meine Enkel zu werden, um für sie eine Oase in der Wüste zu sein.

Danke, Oma, für alles, was du uns durch dein Leben gelehrt hast. Danke, dass du uns ein selbstloses und aufrichtiges Leben vorgelebt hast."

Ich schloss meinen Brief mit Omas Worten, die sie bis zum Schluss verteidigt hatte: „Nicht ‚Tschüss', sondern ‚Auf Wiedersehen'!"

Zum Schmunzeln

Unsere Tochter Katja war vor ihrem ersten Kindergartentag sehr aufgeregt. Ihre zwei Jahre jüngere Schwester Janina beobachtete sie fasziniert. Am Sonntag vor dem ersten Kindergartentag fiel Katja hin und schürfte sich das Knie auf.

Tränen liefen ihr übers Gesicht. Als Janina sah, dass ihre Schwester blutete, wollte sie sie trösten und sagte: „Mach dir keine Sorgen, Katja, wenn du stirbst, kommst du in den Himmel!"

Katja schrie umso lauter und jammerte: „Ich will nicht in den Himmel! Ich will in den Kindergarten!"

Kein Abschied von meinem Vater

Jeanette Scheuernstuhl

Der Anrufbeantworter blinkte. Es war eine Nachricht von meiner Tante, sie bat um einen Rückruf. Ihre Stimme klang zittrig und aufgeregt. Mich durchfuhr sofort der Gedanke: *Irgendetwas ist mit meinem Vater passiert!*

Beim Rückruf wurde es traurige Gewissheit: „Dein Vater ist vor zwei Tagen gestorben. Wir wussten nicht, dass es so ernst ist. Er wollte nicht, dass jemand davon erfährt. Ich soll dir ausrichten, dass du bitte nicht zur Beerdigung kommen sollst. Seine Frau will es nicht und er wollte es auch nicht."

Nach dem ersten Schock kullerten die Tränen. Fassungslosigkeit breitete sich in mir aus. „Warum? Hat er mich so sehr gehasst?"

„Na ja, wir wissen beide, dass ihr nicht das beste Verhältnis hattet", sagte meine Tante. Diese Aussage tat weh.

Mein Vater und ich hatten schon länger keinen Kontakt mehr. Meine Eltern ließen sich scheiden, als ich 13 Jahre alt war. Mein Vater hatte ein Alkoholproblem, das meine Kindheit prägte. Das Verhältnis zwischen ihm und mir war immer angespannt. Es gab viele Verletzungen und Scham. Eigentlich war mein Vater ein hilfsbereiter, netter Mensch. Wenn er allerdings Alkohol trank, veränderte er sich. Dann wurde er aggressiv, verletzend, handgreiflich und verlor manchmal die Kontrolle.

Als meine Eltern sich trennten, empfand ich mehr Befreiung als Schmerz. Das Familienleben war nicht mehr tragbar gewesen. Dennoch liebte ich meinen Vater und wünschte mir seine Anerkennung und Liebe. Im Laufe der Zeit wurde die Kluft zwischen uns immer größer und die Verletzungen schienen unüberwindbar. Nun war passiert, wovor ich schon lange

Angst gehabt hatte: Mein Vater war gestorben. Aus menschlicher Sicht konnte es keine Versöhnung mehr geben.

Der Tod meines Vaters berührte mich im Alltag wenig, denn dort war er schon lange nicht mehr präsent gewesen. Aber mein Herz schmerzte. Ich konnte nicht glauben, dass es keine Möglichkeit mehr gab, unser Verhältnis zu klären. Ich hatte so viele Fragen: *Warum ist das so passiert? Warum wollte er nicht Abschied nehmen, weder von mir noch von seinen Geschwistern? Wie ist es ihm in den letzten Tagen ergangen? Wie ist er gestorben?*

Ich hatte das Gefühl, mit niemandem in meinem Umfeld reden zu können. Keiner drückte sein Beileid aus oder fragte: „Wie geht es dir mit dieser Situation?" Alle schwiegen. Ich fühlte mich alleine, unverstanden, ungeliebt. Tränen waren mein ständiger Begleiter. Ich wusste, dass es einiges aus meiner Kindheit aufzuarbeiten gab – dennoch wollte ich es bisher nicht anschauen.

Es fiel mir schwer, mich an seinen Wunsch zu halten und nicht auf der Beerdigung zu erscheinen. Als ich später alleine das Grab besuchte, erschien mir alles fremd und unwirklich. Dort war nur ein kalter Stein mit seinem Namen. Niemand antwortete auf meine Tränen und Entschuldigungen. Ich suchte den Kontakt zu der Pfarrerin, die die Trauerfeier geleitet hatte. Was sie sagte, war ernüchternd: „Er wollte nicht, dass man sich an ihn erinnert." Was für eine schreckliche Aussage! Wie muss sich ein Mensch fühlen, der nicht möchte, dass man sich an ihn erinnert?

~

Mir wurde klar, dass mein Vater mit seinem Leben unglücklich gewesen war und dass auch ihm Liebe und Anerkennung gefehlt hatten. Gott öffnete mir die Augen und zeigte mir, dass es zwei Seiten gab: meine und die meines Vaters. In dieser tränenreichen Zeit merkte ich ganz deutlich, wie Gott mich an die Hand nahm und Schritt für Schritt begleitete.

Ich erkannte, dass ich meinem Vater vergeben musste. Statt ihn oder mich selbst anzuklagen, vergab ich ihm und bat Gott auch selbst um Vergebung. Schließlich war ich ja ebenfalls nicht bereit gewesen, meine Angst zu überwinden, um mich mit meinem Vater auszusprechen. Das tat mir nun sehr leid.

Die Erinnerungen aus meiner Kindheit begleiteten mich weiter. In meinem Alltag glaubte ich immer wieder zu hören, wie mein Vater mich und mein Handeln beurteilte. Ich glaubte, die Dinge zu hören, die er zu mir gesagt hatte, als ich noch ein Kind gewesen war. Ich fasste den Entschluss, meine Vergangenheit endlich aufzuarbeiten. An vieles konnte ich mich nicht mehr genau erinnern. Aber ich wollte nicht länger die Starke spielen und so tun, als ob alles in Ordnung sei. Ich wollte authentisch leben und den Schmerz, die Verletzungen und die Scham hinter mir lassen. Ich wollte endlich frei sein und mich geliebt wissen!

Gemeinsam mit einer christlichen Therapeutin schaute ich mir verschiedene Bereiche meines Lebens an, vor allem die Beziehung zu meinem Vater, als ich noch ein Kind war. Vieles tat weh, manches tat aber auch gut. Mein Gottesbild veränderte sich: Ich begriff, dass ich nie alleine gewesen war.

Im Therapiegespräch tauchten Bilder aus meiner Kindheit wie Blitzlichter auf: Als kleines Mädchen sitze ich im Dunkeln auf dem Bett und lausche auf jedes Auto, das am Haus vorbeifährt. Wann kommt er und in welchem Zustand? Als endlich die Tür ins Schloss fällt, schlüpfe ich schnell unter die Bettdecke und stelle mich schlafend. Angst breitet sich in meinem Bauch aus, ich bin angespannt und verhalte mich ruhig. Denn dann passiert hoffentlich nichts. Am nächsten Morgen sitzt mein Vater mit leerem Blick am Küchentisch. Er raucht und starrt die Wand an. Er schweigt – wie so oft.

Ich finde auch schöne Bilder, beispielsweise wie wir zusammen einen Jahrmarkt besuchen und ausgelassen lachen. Oder wie wir zusammen in seinem Lkw fahren und stundenlang Autokennzeichen raten. Doch die schmerzhaften Erinnerungen überwiegen und schnüren mir die Kehle zu.

~

Die Therapeutin fragt: „Wenn Sie sich in diese Situationen noch einmal hineinversetzen, können Sie dann irgendwo Jesus sehen?“ Ich lasse mich darauf ein und wir beten. Was mir dann bewusst wird, ist beinahe unglaublich: Ich sitze in meinem Zimmer auf dem Bett, weine und habe Angst. Jesus sitzt dicht neben mir, legt seinen Arm um mich und tröstet mich. Ich erkenne, dass ich damals nicht alleine war und es auch heute nicht bin. Mit der Gewissheit, dass Jesus immer bei mir ist, verlasse ich die Therapiestunde. Wie wunderbar, nun muss ich mich nicht mehr fürchten!

Die Therapie hat mir geholfen, in meiner Beziehung zu Gott das zu finden, wonach mein Herz sich sehnt. Seitdem sind mir die Zwiegespräche mit Gott sehr wichtig geworden. Sinnbildlich setze ich mich immer wieder vor den Thron Gottes, um ihn anzubeten und ihm mein Herz auszuschütten.

Die Enttäuschung darüber, dass ich von meinem Vater nicht Abschied nehmen konnte, ist manchmal noch da. Ich wüsste so gerne, welche Gedanken ihn zum Schluss bewegten. Ob er sich mit Gott versöhnt hat? Ich weiß es nicht. Aber ich habe erfahren, wie groß und wie liebevoll Gott ist. Das tröstet mein Herz. Bei Gott finde ich das, was ich mir immer so sehr gewünscht habe und was mir mein Vater nicht geben konnte: bedingungslose Annahme und Liebe.

Wenn wir durch Zeiten des Verlustes und der Trauer gehen, ist unsere Seele besonders anfällig für Niedergeschlagenheit und Depression. Die klassischen Tipps, um das Immunsystem unseres Körpers zu stärken, lassen sich auch auf die Seele übertragen:

- *Viel trinken.* Jesus sagte zu der Frau am Brunnen: „Wenn du wüsstest, welche Gabe Gott für dich bereithält […], dann hättest du ihn gebeten und er hätte dir lebendiges Wasser gegeben" (Johannes 4,10; Neue evangelistische Übersetzung). Bitten Sie Jesus um lebendiges Wasser! Er will Ihnen seinen Heiligen Geist geben, der Trost und neue Hoffnung spendet.
- *Vitaminreiche Kost.* Jesus sagt: „Ich bin das Brot des Lebens" (Johannes 6,48; Luther). Er will Sie stärken durch sein Wort. Selbst wenn Sie vor Schmerz keine Worte mehr finden, können Sie Worte aus der Bibel laut lesen. Sie werden sich gestärkt fühlen.
- *Viel Tageslicht.* Jesus sagt: „Ich bin das Licht der Welt" (Johannes 8,12; Luther). Je mehr Sie seine Gegenwart suchen und im Gebet mit ihm reden, desto mehr Licht werden Sie auch an dunklen Tagen haben.

Durch die Tür

Großvaters Vermächtnis

Elisabeth Mittelstädt

Großvater hatte mir schon immer besonders nahegestanden. Als ich klein war, brachte er mir das Laufen bei. Später lehrte er mich die ersten Schritte auf dem Glaubensweg, indem er mir aus seinem großen, schwarzen Buch vorlas – der Bibel.

Wie ich diese besonderen Zeiten mit Großvater liebte! Ich saß unter dem Tisch auf einem Querbalken, streichelte meine kleine Katze und lauschte Großvaters kraftvoller, tiefer Stimme. Wenn ich ihm auch sehr gern zuhörte, verstand ich doch nicht immer, was er vorlas. Da gab es so viele tiefe Zusammenhänge, die mein damaliges Fassungsvermögen zu übersteigen schienen. Doch die allgemeine Bedeutung der Texte konnte ich irgendwie verstehen und seine Worte – und die Liebe, die man beim Vorlesen aus seiner Stimme heraushörte – begleiten mich bis heute.

Großvater war schon über 70, als er endlich Frieden mit Gott schloss. Als er Christ wurde, verlor er mit diesem bedeutsamen, lebensverwandelnden Ereignis jede Ungewissheit in Bezug auf die Zukunft. Beständig lebte er seinen Glauben vor anderen Menschen. Sogar in Kreisen, in denen Gottes Existenz abgelehnt wurde, redete er offen über Jesus.

„Niemand soll nach einem Besuch meinen Hof verlassen, ohne zu wissen, wie sehr Gott ihn liebt", betonte er immer wieder. „Es gibt einen Himmel und auch eine Hölle, und wir können entscheiden, wo wir die Ewigkeit verbringen wollen."

Großvater war es auch, der mir erklärte, dass der Tod zum Leben dazugehört. Oft sagte er mir, dass unser Leben so ähnlich verlaufe wie das, was ich aus seinem Garten kannte. „Aus den Samenkörnern wachsen große Pflanzen, die Früchte tragen", erzählte er mir. „Doch dann werden sie alt, verdorren, sterben ab und werden wieder Teil der Erde, sodass neues Leben entstehen kann."

Allmählich wurde mir klar, warum er den Tod nur als das Ende des irdischen Lebens betrachtete – und als den Beginn des nie endenden Lebens im Himmel. Großvater vermittelte mir den Trost der Bibelabschnitte, die davon handeln, dass

Jesus uns durch das Tor des Todes vorausgegangen ist. Immer wenn Großvater mir Texte über die Auferstehung vorlas, sagte er voller Begeisterung: „Elisabeth, wir können uns gar nicht vorstellen, wie herrlich es im Himmel ist!“ Eine seiner Lieblingsstellen waren folgende Worte von Jesus: „Im Haus meines Vaters gibt es viele Wohnungen. Sonst hätte ich euch nicht gesagt: Ich gehe hin, um dort alles für euch vorzubereiten. Und wenn alles bereit ist, werde ich kommen und euch zu mir holen. Dann werdet auch ihr dort sein, wo ich bin. Den Weg dorthin kennt ihr ja“ (Johannes 14,2–4; Hoffnung für alle). Und dann fügte Großvater mit einem geheimnisvollen Lächeln hinzu: „Ich kann es gar nicht abwarten, es selbst zu sehen!“

Großvater hat den Himmel so gesehen, wie er ist – als Ort, für den wir geschaffen wurden. Ich spürte seine Erwartung, seine Vorfreude, die C. S. Lewis so schön in Worte fasste:

„Ich muss in mir die Sehnsucht nach meinem wahren Heimatland, das ich erst nach meinem Tod finden werde, lebendig erhalten; ich darf nicht zulassen, dass diese Sehnsucht zugeschneit wird oder in Vergessenheit gerät. Das höchste Ziel meines Lebens muss sein, nach diesem anderen Land zu streben und anderen zu helfen, auch diesen Weg einzuschlagen.“

An einem kalten Dienstag, als ich von der Schule kam, rief meine Mutter mir zu: „Komm in Großvaters Zimmer!“ Großvater war schon die ganze Woche krank gewesen und jeden Tag schwächer geworden. Doch er hatte unsere Sorgen beiseitegeschoben. „Ich brauche keinen Arzt“, hatte er gesagt. „Ich bin nur alt und schwach und werde bald in den Himmel gehen, um bei Jesus zu sein.“

Als ich das Zimmer betrat, sah ich fast die ganze Familie um Großvaters Bett versammelt. Von der Stelle aus, an der ich stand, konnte ich ihn gut sehen. Sein Gesicht war ganz blass, aber er lächelte.

Einige der Erwachsenen an seinem Bett redeten; andere beteten. Auch ich begann leise für meinen Großvater zu beten. Es tat mir weh, ihn so schwach zu sehen.

Plötzlich hob mein geliebter Großvater seine Hände zur Decke. Er strahlte über das ganze Gesicht und murmelte freudig: „Oh, sie kommen mich holen!"

„Wer kommt dich holen?", fragte Großmutter mit zitternder Stimme. „Die Engel?"

Doch Großvater antwortete nicht mehr. Er lächelte nur ein weiteres Mal. Ein Ausdruck des Staunens legte sich auf sein Gesicht. Dann hörte er auf zu atmen.

Großmutter beugte sich über ihn und drückte sanft seine Lider zu; sie blieb neben ihm sitzen und hielt seine Hand.

Es war meine erste Begegnung mit dem Tod, dessen Endgültigkeit mich überwältigte. Ich konnte kaum glauben, dass mein Großvater für immer von uns gegangen war.

An diesem Tag weinten wir alle, aber wir taten es nicht ohne Hoffnung. Großvater hatte uns immer wieder gesagt, dass er bald in den Himmel gehen würde. Und jedes Mal hatte seine Stimme so geklungen, als freute er sich darauf, bald ganz bei Jesus zu sein.

In den folgenden Monaten sprachen wir viel über Großvater – meistens, wenn wir als Familie an unserem großen Esstisch zusammensaßen. Wir tauschten Erinnerungen aus und sagten einander, wie sehr wir ihn vermissten. Oft liefen uns die Tränen übers Gesicht. Es tat so gut, dass niemand von uns alleine trauern musste. Besonders tröstlich fand ich es, wenn ich neben Großmutter sitzen und meine Tränen an ihrer Schürze abwischen durfte.

Heute denke ich an den Bibelvers: „Weint mit den Weinenden“ (Römer 12,15; Luther). Das haben wir getan. Wir haben unseren Schmerz geteilt, während wir Gemeinschaft miteinander hatten. Wir brauchten die Traurigkeit nicht zu verstecken, sondern drückten sie offen aus. Wir umarmten die Trauer – während wir einander umarmten. Darüber bin ich froh, denn es ist wahr, was Henri Nouwen sagt: „Schmerz, der alleine durchlitten wird, fühlt sich völlig anders an als Schmerz, der an der Seite eines anderen durchlitten wird.“ Wenn wir in Gemeinschaft trauern, dann finden wir in der Gemeinschaft auch Trost.

Ich vermisste meinen Großvater schrecklich. Aber ich wusste, dass ich eines Tages im Himmel wieder bei ihm sein würde, weil auch ich beschlossen hatte, mich Jesus ganz anzuvertrauen – im Leben wie im Sterben.

Wenn ich mich nach Großvater sehnte, erinnerte ich mich an seine Worte: „Wir sind für die Ewigkeit erschaffen.“ Als ich älter wurde, verstand ich immer mehr, was er damit meinte: Unsere Seelen sehnen sich nach der nie endenden Gemeinschaft mit unserem Schöpfer, und wir werden nie ganz zur Ruhe kommen, bis wir bei ihm zu Hause sind. Eines Tages werde ich den Himmel erleben, wie mein Großvater ihn jetzt erlebt.

Don Piper schreibt in seinem Buch „90 Minuten im Himmel“: „Die erste Person, die ich [im Himmel] erkannte, war mein Großvater. Er sah genauso aus, wie ich ihn in Erinnerung hatte. Er kam auf mich zu und blieb für einen Augenblick vor mir stehen. Er lächelte über das ganze Gesicht. Möglicherweise rief ich seinen Namen, aber ich bin mir nicht sicher. Er umarmte mich und drückte mich fest an sich.

Ich war dabei gewesen, als er zu Hause einen Herzinfarkt erlitten hatte, und war im Krankenwagen mitgefahren. Ich hatte draußen vor der Notaufnahme gewartet und miterlebt, wie der Arzt zur Tür herauskam und kopfschüttelnd sagte: ‚Wir haben alles getan, was wir konnten.‘ Ich habe keine Ahnung, warum ausgerechnet mein Großvater die erste Person war, die ich im Himmel sah. Vielleicht hatte es etwas damit zu tun, dass ich dabei war, als er starb, und dass er meinen Glauben positiv beeinflusst hat."

Vielleicht werde auch ich als Allererstes meinen Großvater begrüßen, wenn ich in den Himmel komme, denn ich war dabei, als er im Alter von 77 Jahren dorthin ging. Bis heute ist er für mich ein Vorbild – nicht perfekt, aber glaubwürdig, weil er den christlichen Lebensstil, den er verkündete, auch lebte. In der Zwischenzeit werde ich mich an das erinnern, was Mose in Psalm 90, Vers 12 (Neues Leben) schrieb: „Lehre uns, unsere Zeit zu nutzen, damit wir weise werden."

Es gibt Menschen, die in unser Leben kommen und es wieder verlassen. Es gibt aber auch Menschen, die eine Weile bleiben und eine Fußspur in unserem Herzen hinterlassen, und wir sind nie mehr dieselben. So ein Mensch war mein Großvater. Er hat oft gesagt: „Wenn du erst so alt bist wie ich und nur noch wenig Zeit hast, mit anderen zu sprechen, kannst du es dir nicht leisten, Zeit zu vergeuden."

Ich möchte in seinen Fußspuren folgen und den nachfolgenden Generationen von ihm erzählen – und von dem Erbe, das er uns hinterlassen hat. Auch sie sollen mit dem Bild eines Mannes aufwachsen, den wir bewundern, aber nicht verehren. Was für ein wunderbares Vermächtnis!

Eine von Großvaters Lieblingsgeschichten, die Jesus in der Bibel erzählt, war die von dem reichen Mann und dem armen Bettler Lazarus:

„Lazarus starb, und die Engel brachten ihn in den Himmel; dort durfte er den Ehrenplatz an Abrahams Seite einnehmen. Auch der reiche Mann starb und wurde begraben. Als er im Totenreich unter Qualen erwachte, blickte er auf und erkannte in weiter Ferne Abraham, der Lazarus bei sich hatte. ‚Vater Abraham', rief der Reiche laut, ‚hab Mitleid mit mir! Schick mir doch Lazarus! Er soll seine Fingerspitze ins Wasser tauchen und damit meine Zunge kühlen. Ich leide in diesen Flammen furchtbare Qualen!' Aber Abraham erwiderte: ‚Mein Sohn, erinnere dich! Du hast in deinem Leben alles gehabt, Lazarus hatte nichts. Jetzt geht es ihm gut, und du musst leiden. Außerdem liegt zwischen uns ein tiefer Abgrund. Niemand kann von der einen Seite zur anderen kommen, selbst wenn er es wollte'" (Lukas 16,22–26; Hoffnung für alle).

Zwei Männer. Hat sich die Geschichte dieser beiden Männer wirklich ereignet oder ist sie ein Gleichnis? Falls es sich um ein Gleichnis handelt, dann ist es das einzige, in dem Jesus einer der Personen einen Namen gibt: Lazarus (hebräisch: „Gott ist meine Hilfe"). Vielleicht gibt es in der Bibel keinen besseren Text, um Himmel und Hölle zu verstehen, als diesen Gegensatz zwischen dem reichen Mann und dem Bettler Lazarus.

Zwei Tode. Vers 22 beinhaltet einen weit verbreiteten Euphemismus für das Sterben („die Engel brachten ihn in den Himmel"). So wie die Engel den Bettler Lazarus in den Himmel trugen, wird jeder Gläubige von Engeln in den Himmel begleitet.

Und auch der reiche Mann stirbt.

Zwei Orte. Vers 23 besagt, dass der reiche Mann im Totenreich erwachte. Die Bibel führt klar aus, dass alle Menschen – die ja nach dem Bild des ewigen Gottes geschaffen wurden – für immer lebendig sein werden: entweder in der Gegenwart des allmächtigen Gottes, wo sie endlose Gemeinschaft mit ihm genießen dürfen, oder in der Hölle, wo sie endlose Qualen erleiden werden. Das sind die einzigen beiden Möglichkeiten. Die beiden Männer, die beiden Tode und die beiden Orte sind durch einen tiefen, unüberbrückbaren Abgrund voneinander getrennt.

Dr. David Jeremiah (Study Bible)

Der Himmel muss Auswirkungen auf unser Leben hier auf der Erde haben. Gott will nicht, dass irgendjemand in die Hölle kommt (2. Petrus 3,9). Er möchte, dass wir die Ewigkeit bei ihm im Himmel verbringen, aber das ist nur möglich, wenn wir die Entscheidung treffen, sein Angebot der Vergebung anzunehmen, die Jesus am Kreuz für uns erworben hat. Wenn wir möchten, dass die Himmelstür sich für uns öffnet, müssen wir unser Herz für den Erlöser öffnen. Wenn wir Jesus um Vergebung bitten und ihn als unseren Erlöser annehmen, dann können wir gewiss sein: Wenn wir sterben, werden wir in den Himmel kommen.

Ist Sterben schlimm?

Als meine Enkeltochter Kaari uns besuchte, schauten wir uns den Film „Lassie" an – eine Geschichte über einen Landarzt und seinen treuen Hund. In einer Szene sagt der Arzt zu der besorgten Tochter: „Ich habe getan, was ich konnte, um Ihrer Mutter zu helfen, aber ich fürchte, sie wird sterben." Verständlicherweise ist die Tochter sehr aufgebracht.

„Warum wird sie sterben?", fragte Kaari mich.

„Vielleicht ist sie alt", antwortete ich. „Vielleicht hat sie Krebs."

Kaari sah nun sehr besorgt aus. „Wirst du auch sterben, Oma?" Sie rang nach Luft. Zu spät wurde mir klar, dass beide Punkte auch auf mich zutrafen: Ich war alt und ich wurde gerade wegen Krebs behandelt. *Wie soll ich sie trösten?,* fragte ich mich.

„Kaari, Sterben muss nichts Schlimmes sein“, begann ich schließlich. „Es kann so sein, wie wenn man von einem Raum in den anderen geht.“

Sie sah mich verwirrt an und ich erklärte: „Als ich noch Krankenschwester war, hatte ich eine Patientin, die im Sterben lag. Auf einmal hob sie ihre Hände, lächelte über das ganze Gesicht und sagte: ‚Jesus!‘ Es war so, als würde sie zu einem guten Freund nach Hause gehen. Manchmal ist Sterben so.“

Mir war nicht bewusst, wie viel sie davon verstand, bis ich eines Tages hörte, wie sie meine Antwort wiederholte: „Sterben muss nichts Schlimmes sein. Es ist, als ob man zu Jesus nach Hause geht.“

Helen Lescheid

„Auf Wiedersehen, Mami!“

Delia Holtus

Als ich ganz klein war, war noch alles gut. Im Winter ging mein Vater mit mir Schlitten fahren; im Sommer fuhren meine Eltern mit mir an die Nordsee. Abends spielte ich im Bett Märchen nach – allein, weil ich keine Geschwister hatte – und wechselte zwischen den verschiedenen Rollen hin und her. Meine Mutter schrieb all die zärtlichen Worte auf, mit denen ich sie bedachte – etwa, als ich voller Überzeugung zu ihr sagte: „Mama, du bist die Schönste und Liebste auf der ganzen Welt! Ich will alles für dich machen, weil du so schön bist, weil du so lieb bist und weil du so schöne Haare hast!“ Jahre später fand ich diese Notiz in einem Fotoalbum. Es berührt mich noch heute, dass ich so hingerissen von ihr war, dass ich alles tun wollte, um ihr eine Freude zu bereiten.

Doch dann wurde alles anders. Meine Mama hatte Krebs. Monatelang litt sie unter starken Schmerzen und mein Vater pflegte sie zu Hause. Schließlich fiel sie in ein Koma. Sie starb an einem Mittwochmittag, während ich im Kindergarten war. „Wie gut“, sagte mein Vater später, „dass du nicht zu Hause warst, als der schwarze Wagen vorfuhr.“ Zur Beerdigung wollte ich nicht mit. Aber am Abend ging ich mit meinem Vater auf den Friedhof. Dort stand ich vor dem frischen Grab und sagte: „Auf Wiedersehen, Mami!“

Nur wenige Tage später war mein fünfter Geburtstag. Mein Vater suchte Geschenke für mich aus und bereitete auch ein kleines Fest vor. Unvermittelt sagte ich: „Schade, dass Mami tot ist! Sonst hätten wir an meinem Geburtstag bestimmt viel geschmust.“

Für meinen Vater war ich in dieser schweren Zeit sein Sonnenschein, der ihm die Kraft gab weiterzuleben. Da er berufstätig war, brachte er mich unter der Woche zu einer Pflegefamilie. An den Wochenenden war ich zu Hause. Als Kind gehörte es für mich zur Normalität, dass ich keine Mutter mehr hatte. Einzelne Szenen, an die ich mich erinnerte, vermischten sich mit Erzählungen meines Vaters und mit den Fotos, die ich manchmal betrachtete. Daraus entstand das Bild, das ich von meiner Mutter hatte.

Als Teenager begriff ich plötzlich, was mir fehlte, und begann zu trauern. Ich vermisste die Liebe, die Nähe, die eine Mutter geben kann. Lässt sich das jemals nachholen? Ist der Verlust einer Mutter nicht unwiederbringlich? Ja. Eine Mutter ist eine einzigartige Person, und es kann nie mehr so sein, wie es gewesen wäre, wenn sie noch lebte.

Und doch will Gott in vollkommener Weise für mich sorgen, und ihm ist nichts, rein gar nichts, unmöglich. Er kann mir all das geben, was eine Mutter geben kann.

Wie tut er das? Er schickt Mütter in mein Leben. Er schenkt Beziehungen. Als Studentin verbrachte ich so manchen Vormittag bei einer wunderbaren Pastorenfrau. Sie zeigte mir, wie man bügelt, probierte mit mir Nagellacke aus und nahm mich in den Arm, wenn ich mir wünschte, gehalten zu werden. „Ich zeige dir, wie es geht", „Du bist hübsch, und ich helfe dir, deinen eigenen Stil zu finden", „Du bist willkommen" – das waren die Botschaften, die sie mir sandte und die ich liebte und die sich so sehr nach Mutter anfühlten! Sie blieb nicht die Einzige.

Gott sandte auch andere Frauen in mein Leben, die mir vermittelten: „Ich freue mich über dich", „Du kannst mir vertrauen", „Ich sehe dich und ich höre dich" oder: „Ich gebe dir Halt." Frauen, die mir mit mütterlicher Liebe begegneten und mein Herz zum Aufblühen brachten.

Und nicht zuletzt sind das die Botschaften, die Gott selbst mir zuspricht. Er sagt: „Du bist willkommen. Bei mir bist du sicher. Du bist etwas Besonderes für mich." Er liebt mich wie ein Vater und eine Mutter zugleich.

Zum Schmunzeln

Im Kindergottesdienst geht es um den Himmel. Die Leiterin fragt: „Wenn ich mein Haus und alle meine Möbel und Kleider verkaufe und das ganze Geld der Gemeinde schenke, komme ich dann in den Himmel?"

„Nein!", antworten die Kinder.

„Na, wie komme ich dann in den Himmel?"
Samuel (5) ruft: „Du musst tot sein!"
Wo wären wir ohne die Hoffnung auf den Himmel?

Der Countdown des Lebens

Wenn Sie nur noch drei Tage Zeit hätten …
und nichts zu bereuen
Maralyn Mathias

Sind Sie jemals mit verbundenen Augen durch ein Labyrinth gelaufen? An meinem 53. Geburtstag „kidnappten" mich zwei meiner Studenten. Erst verbanden sie mir die Augen. Anschließend stapfte ich mit ihnen „blind" durch ein Moor und fuhr Motorrad. Unter anderen Umständen hätte mir das viel Angst eingejagt, aber ich wusste: Diese Studenten liebten mich; deshalb vertraute ich ihnen.

Genauso fühle ich mich nach meiner ALS-Diagnose (Amyotrophe Lateralsklerose). Meine Augen sind verbunden – aber jemand, dem ich vertrauen kann, hält meine Hand. Deshalb ist es okay.

Mit 58 Jahren teilten mir die Ärzte mit, dass die durchschnittliche Lebenserwartung bei meinem Typ von ALS 12 bis 18 Monate betrage. Die Krankheit zerstört langsam, aber sicher meine Muskeln: Mein Hals, meine Zunge und meine Lippen krampfen öfter und erlahmen bald ganz, bis ich nicht mehr schlucken kann. Meine Hände, Füße und Beine werden schlapp und kraftlos, während der Verstand ganz klar bleibt.

Das Paradoxe daran ist: Obwohl ich mich manchmal wie in einer Zwangsjacke fühle, spüre ich auch, dass ich befreit werde …

Eigentlich wollten mein Mann und ich einen Dienst übernehmen, in dem wir weltweit Ferienlager für vernachlässigte oder missbrauchte Kinder organisieren, um ihnen eine Woche voller schöner Erinnerungen zu bescheren.

Doch die Diagnose des Neurologen warf all unsere Pläne über den Haufen. Jener Donnerstag im Juni 2007 traf uns wie ein Blitz. Übers Internet hatten wir ein „Familientreffen" mit unseren erwachsenen Kindern. Trotz der ernsten Lage spürten wir Gottes Liebe in diesem Moment und waren uns einig: Obwohl es wehtut, ist er vertrauenswürdig!

Außerdem sprachen wir über die große theologische Spannung zwischen zwei Wahrheiten: Ja, Gott kann heilen. Ohne jeden Zweifel! Das hatte ich bereits zwei Jahre zuvor selbst erlebt, als er durch ein Wunder mein Herz angerührt hatte. Andererseits heilt er nicht immer. Irgendwann muss jeder sterben. Deshalb wollten wir eine gute Balance zwischen beiden Wahrheiten wahren. Unterm Strich stand und steht für uns fest: Unser Gott ist ein souveräner, liebender Gott, der Gutes für die bereithält, die ihn lieben.

Wenn etwas Tragisches geschieht, versucht unser menschlicher Verstand, den Sinn zu erfassen. Manche sagten mir: „Ich bin total wütend, dass Gott dir so eine schlimme Krankheit schickt! Du hast ihm so treu gedient und nun so was!" Andere meinten: „Diese Krankheit kommt von Satan! Er versucht, dich aufzuhalten, weil du ihm ein Dorn im Auge bist!"

Meine Perspektive ist eine andere. Ich glaube, weder Satan noch Gott haben mir diese Krankheit geschickt. Wir leben in einer gefallenen Welt, in der Schmerz, Verlust, Tod, Leid und Enttäuschungen einfach dazugehören.

Letztes Jahr las ich ein Interview, in dem Pastor Rick Warren über die Krebserkrankung seiner Frau sprach:

„Früher habe ich geglaubt, das Leben bestehe aus Bergen und Tälern [...]. Das glaube ich nicht mehr. Statt einer Berg-und-Tal-Fahrt zu gleichen, ähnelt das Leben, denke ich, vielmehr den zwei Eisenbahnschienen an einem Gleis. Jederzeit gibt es Gutes und Schlechtes. Egal, wie gut das Leben momentan läuft, es gibt immer etwas Schlechtes, woran es zu arbeiten gilt. Und egal, wie schwierig alles scheint, es gibt immer etwas Gutes, wofür wir Gott danken können. [...] Wenn wir uns nur mit den Problemen beschäftigen, schlittern wir schnell in Selbstbezogenheit. Aber einer der einfachsten Wege, dem Schmerz zu entkommen, ist, weg von sich selbst, auf Gott und andere zu blicken. Wir merkten schnell, dass Gott trotz der Gebete von Hunderttausenden Kay weder heilen noch ihr alles erleichtern würde. Das war sehr schwierig für sie, und doch hat Gott ihren Charakter gestärkt und ihr einen Dienst anvertraut, in dem sie Menschen helfen kann [...].“

Zwei Schienen eines Gleises. Das Gute und das Schlechte. Seite an Seite. Immer zusammen. Was liegt auf Ihrer linken Schiene? Auf meiner liegt die Krankheit. Was finden Sie auf Ihrer rechten? Ich sehe eine Fülle von Gottes Gnade und die Liebe meiner Familie. Die Herausforderung besteht darin, die Tatsache zu akzeptieren, dass das Leben zwei Schienen hat, und Gottes Hilfe anzunehmen, wenn es gilt, mit dem Schmerz umzugehen, den Sie in dieser gefallenen Welt erleben. Seine Gnade genügt immer!

In den ersten Monaten bemühte ich mich, nicht zu weinen. Irgendwie glaubte ich, dass ich mit meinen Tränen auch die Krankheit unterdrücken könnte. Es war eine Form von Verleugnung.

Doch eines Samstags brach der Damm. All die Tränen, die sich monatelang angestaut hatten, schossen nun aus mir heraus. Den ganzen Tag fühlte ich mich so schwach und müde und hatte solche Muskelkrämpfe, dass mir bewusst wurde: Die Krankheit klopft tatsächlich an meine Tür. Ich schluchzte, stöhnte und schnappte nach Luft. Stundenlang. Es war schlimm und doch auch wunderbar. Mein Mann weinte mit mir und umarmte mich ganz fest. Ich weinte um ihn und auch um mich.

Erst zögerte ich, aus Selbstmitleid zu weinen. Aber zwei meiner engsten Freunde versicherten mir, dass es in Ordnung sei. Sie zeigten mir, wie „roh“ die Gefühle waren, denen König David in den Psalmen Ausdruck verlieh. Weinen kann ein Geschenk Gottes sein und Tränen überfordern ihn nicht. Ein altes jüdisches Sprichwort besagt: „Wie die Seife für den Körper, so sind Tränen für die Seele.“ Und ich duschte meine Seele gründlich!

Erstaunlicherweise überraschte die Trauer mich. Über die Jahre hatte ich vielen jungen Menschen den Trauerprozess erklärt: „Gott schenkt uns diesen Prozess, damit wir uns auf große Lebensveränderungen einstellen können. Durchschreitet bewusst alle Phasen, aber bleibt nirgends stecken.“ Doch nun hatte ich meinen eigenen Trauerprozess vernachlässigt! Es brauchte einen lieben Christen, der mich daran erinnerte: „Es ist okay, zu weinen, zu zweifeln, Fragen zu stellen und auch Selbstmitleid zu empfinden. Gott hat einen Plan für dich und deinen Mann.“

Ja, ich will, dass Schmerzen mich Gott näherbringen, nicht weiter weg.

Meine Seele braucht genauso Nahrung wie mein Körper. Langsam lerne ich, nicht nur meinen Körper gesund zu ernähren, sondern auch diszipliniert meine Seele zu versorgen.

Wenn ich vor dem Schlafengehen über Gottes Wort und seine Güte nachdenke, wache ich morgens optimistisch auf, mit einem Lied auf den Lippen. Seit einigen Wochen probiere ich es nun schon aus und kann nur bestätigen: Es funktioniert! Nach einem schweren Tag las ich mehrmals Psalm 23 und spürte Gottes Trost. Und am nächsten Morgen? Da wachte ich mit einer alten Melodie im Kopf auf: „Weil der Herr mein Hirte ist, hab ich alles, was ich brauch …" – ein Lied, das ich schon seit den Siebzigerjahren nicht mehr gehört hatte! Gleich überlegte ich mir, was meine Seele abends „speisen" könnte. Vielleicht Psalm 103, einer meiner liebsten Seelensnacks.

Manchmal spüre ich auch, wie Gott mich nachts regelrecht umarmt, wenn ich nicht schlafen kann und deshalb in der Bibel lese: „Wer will uns scheiden von der Liebe Christi? Trübsal oder Angst oder Verfolgung oder Hunger oder Blöße oder Gefahr oder Schwert? […] in dem allen überwinden wir weit durch den, der uns geliebt hat. Denn ich bin gewiss, dass weder Tod noch Leben, weder Engel noch Mächte noch Gewalten, weder Gegenwärtiges noch Zukünftiges, weder Hohes noch Tiefes noch eine andere Kreatur uns scheiden kann von der Liebe Gottes, die in Christus Jesus ist, unserm Herrn" (Römer 8,35.37–39; Luther). Immer wieder zeigt Gott mir, wie wichtig ich ihm bin und wie sehr er sich um mich kümmert.

„Lasst euch genügen an dem, was da ist. Denn der Herr hat gesagt: ‚Ich will dich nicht verlassen und nicht von dir weichen'" (Hebräer 13,5; Luther). Ich will ganz ehrlich zu Ihnen sein: Meine größte Herausforderung ist, dass ich nicht mehr deutlich sprechen kann. *Ach, wenn ich nur …*, denke ich sehnsüchtig. Aber ich versuche, mich daran zu erinnern, Gott für das zu danken, was ich habe: meine Finger zum Beispiel.

Ich kann noch immer 90 Wörter pro Minute tippen! Meine Finger fliegen fast so schnell über die Tastatur wie die Gedanken durch mein Gehirn. Deshalb sage ich mir: „Wach auf, Mädchen, und danke Gott für das, was du hast!"

Wie sieht es bei Ihnen aus? Danken Sie Gott für Ihre Finger? Oder dafür, dass Sie klar und deutlich sprechen können? Oder sind Sie eher wie ich und sorgen sich um morgen und das, was Sie nicht haben?

Max Lucado schreibt in einem seiner Bücher, dass wir uns entscheiden müssen: Rühren wir im Sorgentopf oder im Gebetstopf? Brauen wir uns eine pessimistische Suppe zusammen, indem wir immer mehr trübe Gedanken hineinwerfen, oder kochen wir Glaubensnahrung durch Gebet und Dank? Ich glaube, dieses Bild passt zu der Botschaft in Philipper 4, Verse 6 und 7 (Luther): „Sorgt euch um nichts, sondern in allen Dingen lasst eure Bitten in Gebet und Flehen mit Danksagung vor Gott kundwerden! Und der Friede Gottes, der höher ist als alle Vernunft, bewahre eure Herzen und Sinne in Christus Jesus." Wenn wir uns um Gebet und Dank kümmern, sorgt Gott für Frieden und Schutz. Deshalb will ich aufhören, im Sorgentopf zu rühren, und möchte mich lieber an all die Situationen in der Vergangenheit erinnern, in denen er mir geholfen hat. Sie schenken mir Gewissheit, dass er sich auch um mein Heute kümmert.

Immer wieder lädt Gott mich ein, durch den Garten meines Herzens zu gehen und alles Unkraut der Angst auszureißen. Unterdrückte, vergrabene Ängste. Die Worte meines Mannes klingen mir noch in den Ohren: „Angst ist unnötig. Gott ist vertrauenswürdig! Angst verändert nichts, sondern macht die Dinge höchstens komplizierter."

Trotzdem ist es harte Arbeit, die tiefen Wurzeln der Angst herauszuziehen. Würde ich es überhaupt schaffen? Als der Ostermorgen 2008 näher rückte, schien auch die Sonne in meiner Seele aufzugehen. Wenn Jesus den Tod besiegt hat, warum sollte ich davor Angst haben? Wenn er auferstanden ist, werde auch ich auferstehen! Der Tod ist die Tür zu etwas viel Besserem. Den Zeitpunkt legt Gott fest. Keine Angst der Welt kann ihn verrücken. Er liegt in sicheren Händen.

Nach Ostern hatte ich einen Termin beim Kardiologen. Nachdem er mich untersucht und mir Medikamente verschrieben hatte, tat er etwas Außergewöhnliches. Er erinnerte sich wohl daran, dass ich Christin war, und erklärte mir, dass er selbst zur orthodoxen Kirche gehöre. „Meine Arbeit ist sehr stressig", fuhr er fort, „ohne den Herrn würde ich es nie schaffen. Jeden Tag salbe ich meine Stirn mit heiligem Öl, um mich an Gottes Gegenwart und Hilfe zu erinnern." Daraufhin berührte er seine Stirn und streckte anschließend seinen Finger aus, um meine Stirn zu berühren. Mit dem Öl zeichnete er ein kleines Kreuz darauf und sagte: „Friede sei mit dir." Tränen schossen mir in die Augen. Das war die Lektion, die Gott mich bereits den ganzen Monat lang gelehrt hatte.

Am Weihnachtsmorgen 2008 wusste ich, dass ich nicht mehr lange leben würde. Kurz nach dem Aufwachen schrieb ich einen Brief an meine Kinder. Als mein Mann ihn las, musste er weinen. Es war ein besonderer, bewegender Tag. Auch meine Kinder antworteten jeweils mit einem Brief auf meine Worte.

Seit Beginn meiner Krankheit stellten mich die Ärzte vor die Wahl: Wollte ich künstlich beatmet und ernährt werden? Nachdem ich mir alle Einzelheiten angehört hatte, entschied ich mich mit meiner Familie dagegen. Erstens können durch die Maschinen schmerzvolle Komplikationen auftreten. Zweitens müsste einer meiner Lieben die schwere Entscheidung treffen, wann die Maschinen abgestellt werden sollten.

Beides wollte ich nicht. Nachdem ich mich entschieden hatte, erfuhr ich überraschenderweise, dass der Sterbeprozess bei ALS-Patienten ohne künstliche Ernährung weniger schmerzhaft ist. Da sich die Menge an Essen langsam verringert, spürt man weder Hunger noch Schmerz. Der Patient wird einfach müde. Es ist der sanfte, natürliche Weg. Für mich persönlich schien er der richtige zu sein.

Sind Sie bereit für das, was jetzt kommt? Die Stunde der Wahrheit hat geschlagen: Ich bin wirklich begeistert vom Himmel!

Lange Zeit habe ich das für mich behalten, weil einige meiner Freunde andeuteten, dass es ihnen unangenehm ist, wenn ich über den Himmel spreche. Sie glauben, es sei ein Zeichen, dass ich das Leben auf Erden aufgebe und aufhöre, um Heilung zu bitten. Aber nichts wäre weiter von der Wahrheit entfernt! Wenn ich über den Himmel spreche, will ich das Leben hier viel intensiver nutzen! Ich bin überzeugt: Seit ich mein Leben aus der Perspektive der Ewigkeit betrachte, habe ich viel besser gelernt, was auf Erden wirklich zählt.

Viele von uns gehen durchs Leben, als sei das hier alles. Deshalb machen wir Überstunden, um schönere Häuser, mehr Kleider oder stilvollere Möbel zu kaufen. Dabei vergessen wir: All dieser Kram bleibt hier. Nichts können wir mitnehmen!

Aber wenn wir das Licht der Ewigkeit einschalten, sehen wir, welcher Teil des Irdischen leuchtet: nur das, was ewig bleibt. Nichts Materielles! Nur Beziehungen! Zuallererst unsere Beziehung zu Gott und zweitens die Beziehungen zu Menschen, denen wir dabei geholfen haben, Gott zu lieben und sich für eine Ewigkeit mit ihm zu entscheiden.

Warum nur müssen viele von uns erst dem Tod nahe sein,

um über den Himmel nachzudenken? Sollten wir nicht jeden Tag darüber sprechen? Würde das nicht unsere Sicht des Lebens ändern? Uns helfen, weisere Entscheidungen zu treffen, wie wir unsere Kraft und Zeit nutzen?

Falls Sie dies lesen und sich nicht sicher sind, ob Sie in den Himmel kommen: Warum entscheiden Sie sich nicht gleich jetzt für Jesus? Es ist die wichtigste Entscheidung Ihres Lebens, Christus als Ihren persönlichen Retter anzunehmen und ihm zu erlauben, Ihre Prioritäten neu zu ordnen.

Ich habe mich jedenfalls entschieden: Ich werde meine Begeisterung für den Himmel nicht länger verstecken. Sie soll wachsen! Bald werde ich dort sein und die himmlische Landschaft, die Gärten und Villen bewundern. Ich werde den Gesang hören und kosten, was es auf den himmlischen Tafeln zu essen gibt. Aber wissen Sie, worauf ich mich am meisten freue? Ich werde meinen besten Freund sehen, von Angesicht zu Angesicht, zum allerersten Mal. Den Wonneschauer kann ich mir kaum vorstellen …

Maralyn war lange Jahre meine Freundin. 72 Stunden, nachdem sie diese letzten Worte geschrieben hatte, verließ sie friedlich die Welt, um ihrem Herrn zu begegnen. Sie war 59 Jahre alt, als sie starb. Der Artikel wurde aus Einträgen ihres Internettagebuchs zusammengestellt.

Elisabeth Mittelstädt

Himmel

Was für einen Körper werden wir im Himmel haben?

Unser Körper wird so sein wie der von Jesus nach seiner Auferstehung.

„[Jesus] wird unseren schwachen, vergänglichen Körper verwandeln, sodass er genauso herrlich und unvergänglich wird wie der Körper, den er selber seit seiner Auferstehung hat" (Philipper 3,21; Gute Nachricht).

Er wird unsterblich und herrlich sein.

„Was aufersteht, ist herrlich und voller Kraft. Begraben wird unser irdischer Körper; aber auferstehen werden wir mit einem Körper, der von unvergänglichem Leben erfüllt ist" (1. Korinther 15,43–44; Hoffnung für alle).

Er wird vollkommen sein.

„Leid, Klage und Schmerzen wird es nie wieder geben; denn was einmal war, ist für immer vorbei. Der auf dem Thron saß, sagte: ‚Siehe, ich schaffe alles neu!'" (Offenbarung 21,4–5; Hoffnung für alle).

Wir werden in Gerechtigkeit gekleidet sein.

„Alle, die Gottes Willen tun, werden in der neuen Welt ihres Vaters leuchten wie die Sonne" (Matthäus 13,43; Hoffnung für alle).

Was werden wir im Himmel tun?

Wir werden in der Gegenwart Gottes sein.

„Hier wird Gott mitten unter den Menschen sein. Er wird bei ihnen wohnen" (Offenbarung 21,3; Hoffnung für alle).

Wir werden niemals mehr weinen oder traurig sein.

„Er wird alle ihre Tränen abwischen, und es wird keinen Tod und keine Trauer und kein Weinen und keinen Schmerz mehr geben“ (Offenbarung 21,4; Neues Leben).

Wir werden die erlesensten Speisen essen, die man sich nur vorstellen kann.

„Von Osten und Westen und von Norden und Süden werden Menschen kommen und sich im Reich Gottes zu Tisch setzen“ (Lukas 13,29; Neue Genfer Übersetzung).

Wir werden mit Christus regieren.

„Du hast sie für Gott zu einem Königreich und zu seinen Priestern gemacht. Und sie werden auf der Erde regieren“ (Offenbarung 5,10; Neues Leben).

Wir werden die Schätze genießen, die wir im Himmel aufbewahrt haben.

„Sammelt euch vielmehr Schätze im Himmel, die unvergänglich sind“ (Matthäus 6,20; Hoffnung für alle).

Wir werden Anteil bekommen am Erbe Jesu Christi.

„Als seine Kinder aber sind wir – gemeinsam mit Christus – auch seine Erben“ (Römer 8,17; Hoffnung für alle).

KAPITEL 4

Das Ende einer gemeinsamen Reise

Die eigene Familie gehen lassen

Traditionen halten eine Familie zusammen. Mit bedeutungsvollen Ritualen schaffen wir Erinnerungen, die uns helfen, die Familiengeschichte von Generation zu Generation weiterzuerzählen. Traditionen geben jedem Familienmitglied das Gefühl, mit den anderen verbunden zu sein und eine gemeinsame Geschichte zu haben.

Die meisten Traditionen schlingen sich wie ein Gummiband um glückliche Veränderungen wie Hochzeiten oder die Geburt eines Babys. Ein Verlust dagegen zieht die lieb gewonnene Familientradition in eine ungewohnte Form. Insbesondere, wenn die Mutter stirbt, verliert die Familie oft ihren Mittelpunkt – weil es die Mutter war, die besondere Feste plante und gestaltete. Wir werden uns immer daran erinnern, wie gut Mutters Apfelkuchen geschmeckt

hat! Und doch müssen wir von einer Lebensphase in die nächste gehen.

Einen guten Rat gibt Autor Henri Nouwen: „Ein Schritt, mit dem wir unsere Trauer in Freude verwandeln können, besteht darin, dass wir uns nicht an dem festklammern, was wir haben. Dass wir nicht versuchen, uns einen sicheren Ort zu reservieren, an dem wir uns ausruhen können. Dass wir die Choreografie für unser Leben oder das Leben eines anderen nicht selbst schreiben wollen. Sondern dass wir uns dem Gott hingeben, den wir lieben und dem wir folgen."

„Mutter, du darfst gehen!“

Gefühle zulassen, Grenzen akzeptieren

Monika Schaff

Mitten in der Nacht schreckte ich auf. Wieder klingelte das Telefon. Am anderen Ende hörte ich die Stimme meiner damals 85-jährigen Mutter. Warum rief sie bloß schon wieder an? „Es ist zwei Uhr nachts“, informierte ich sie mürrisch. Erschrocken entschuldigte sie sich. Das war ihr nicht bewusst gewesen. Auf dem Weg zurück ins Bett spürte ich, dass ich mal wieder verärgert war. Doch ich musste mir eingestehen: Mutter wollte mich nicht verärgern! Sie wirkte verwirrt und hilflos. Vielleicht war es an der Zeit, sie zu uns zu nehmen?

Der Rollentausch der Generationen stand bevor: Mutter zog bei uns ein und von da an kümmerte ich mich um sie. Das war nicht ganz einfach für sie. Die erste Zeit vermisste sie ihr eigenes Zuhause. Schon nach ein paar Tagen wollte sie zurück in ihr altes Heim. Immer wieder versuchten wir, sie zu vertrösten: „Später, später!“

Auch sonst veränderte sich Mutter zusehends. Sie wurde immer verwirrter und unruhiger. Oft klopfte sie nachts stundenlang an die Wand und rief nach mir. Wenn ich zum x-ten Mal an ihr Bett kam und sie fragte, was denn los sei, wusste sie von nichts.

Tagsüber war sie ständig auf der Suche nach irgendetwas – was, konnte sie nicht mehr in Worte fassen. Vor allem war sie aber ständig auf der Suche nach mir. Sie konnte es nicht ertragen, mich nicht „vor Augen“ zu haben. Ihr Zustand verschlechterte sich zusehends. So rief sie eines Tages nicht nur nach mir, sondern ganz energisch auch nach ihren Eltern. Sie konnte es nicht begreifen, wenn ich ihr erzählte, dass sie längst im Himmel waren. Und ich begriff wiederum nicht, in welchem geistigen Zustand Mutter nun war. Immer wieder wollte ich sie belehren und brachte sie damit völlig aus der Fassung. Ich hatte Mühe damit, nicht mehr die Tochterrolle zu haben, sondern meiner Mutter stattdessen zu sagen, was sie tun und lassen sollte.

Diese Umstellung brachte mich oft an den Rand meiner Kräfte. Durch ihr Rufen fand ich viele Tage und Nächte keine Ruhe und dann waren meine Nerven aufs Äußerste strapaziert. Das führte dazu, dass ich oft einen harten Ton gegenüber meiner Mutter anschlug. Heute weiß ich, dass sie für ihr Verhalten nichts konnte; sie litt an Altersdemenz.

Wie dankbar war ich für meine Familie, die mir in dieser schweren Zeit hilfreich zur Seite stand. Zwar ermahnten mich meine Kinder oft, wenn ich ungeduldig mit Mutter war, weil sie mich immer wieder das Gleiche fragte oder Dinge tat, die mich aus der Fassung brachten, doch dann trösteten sie ihr „Ömchen" liebevoll und brachten so uns beide zur Ruhe. Oftmals gaben sie mir ein paar Stunden „frei", sodass ich das Haus verlassen konnte in der Gewissheit, dass Mutter gut versorgt und betreut war.

Dankbar war ich auch für eine Mitarbeiterin der Hospizgruppe, die einmal wöchentlich vorbeikam und sich nur mit Mutter beschäftigte. Ich hatte dort angefragt, weil ich einfach nicht in der Lage war, mit ihr zu singen und zu beten, obwohl ich wusste, dass sie Jesus kannte und ihn in gesunden Tagen als ihren Retter angenommen hatte. Das überstieg meine Kräfte. Die Mitarbeiterin tröstete mich, dass ich nicht alles können müsse und auf das schauen solle, was ich kann, wie sie füttern, waschen und wickeln. Das war mir ein Trost und beruhigte mein schlechtes Gewissen.

Obwohl sich ihr geistiger Zustand immer mehr verschlechterte, sang sie gerne mit der Dame von der Hospizgruppe ältere Kirchenlieder. Es war erstaunlich – Mutter konnte sie alle immer noch fehlerfrei auswendig, obwohl sie sonst meist keinen klaren Satz mehr sagen konnte. Die Mitarbeiterin redete mit Mutter über ihren letzten Weg und vor allem betete sie mit ihr. So war ich beruhigt darüber, dass sie auch geistlich betreut wurde. Mutter war nach diesem Besuch immer fröhlich und zufrieden – wie gut, dass es solche Einrichtungen gibt!

Eines Tages saß Mutter in ihrem Rollstuhl am Fenster und rief laut: „Ich will zu Jesus, lass mich zu Jesus!" Ich schrieb dieses Rufen ihrer Verwirrtheit zu und reagierte zuerst gar nicht darauf. Erst als sie es mehrmals wiederholte, entgegnete ich: „Ja, da wollen wir alle mal hin", worauf Mutter klar und deutlich zur Antwort gab: „Alle, die ihn kennen!"

Ich war überwältigt und beschämt zugleich und begriff, dass dieses Rufen keineswegs ihrer Verwirrtheit zuzuschreiben war; sie wusste in diesem Moment ganz genau, was sie sagte. Mich lehrte es, dass ihr „menschlicher" Geist zwar sehr verwirrt, ihr „geistlicher" Geist jedoch fest und klar war.

~

Mutter wurde zusehends schwächer. Die Zeit im Rollstuhl, mit dem sie noch am alltäglichen Geschehen teilnehmen konnte, wurde weniger. Meist wollte sie bald wieder in ihr Bett. Dort lag sie dann zufrieden und wirkte irgendwie glücklich.

Welch ein Segen war es für mich, dass zwei unserer Kinder im medizinischen Bereich tätig waren! So hatte ich zeitweise eine Krankenschwester und eine Ärztin zu meiner Entlastung in meiner Nähe. Sie halfen mir bei der Pflege, wickelten Mutter, versorgten ihre mittlerweile wunden Stellen am Körper und kamen oft auch nachts an ihr Bett, um sie neu zu lagern. Mutter war so glücklich und dankbar dafür.

Eines Tages sagte sie mit völlig klarer Stimme zu einer meiner Töchter: „Du bist wie ein Engel für mich." Mir kamen die Tränen vor Rührung, denn Mutter war mit der Zufriedenheit und Ruhe, die sie ausstrahlte, für mich nach dieser schwierigen und unruhigen Zeit auch zum Engel geworden. Ich durfte nun erfahren, dass Gott vorgesorgt und mir „helfende Hände" zur Verfügung gestellt hatte. Denn allein hätte ich das sowohl von der Arbeit als auch von der seelischen Belastung her nicht geschafft. Und für Mutter war es ein Stück Himmel, von den eigenen Enkeln versorgt zu werden, das empfand sie trotz ihrer Verwirrtheit so. So durfte sie auf ihrer letzten Wegstrecke all das von ihnen ernten, was sie in deren Kindheit gesät hatte.

Eines Tages erreichten mich ein paar Zeilen einer Bekannten, die von meiner Situation mit Mutter wusste. Sie schrieb mir, ich solle sie doch bewusst loslassen und in Gottes Hand abgeben. Diesen Satz nahm ich zur Kenntnis, dachte jedoch zuerst nicht weiter darüber nach. Mir war klar, dass ihr Lebensende kurz bevorstand und ich sie im Alter von 88 Jahren auch gehen lassen wollte.

An jenem Morgen stand ich an ihrem Bett, sah ihre zunehmende Schwäche und sagte dann völlig unbefangen zu ihr: „Ja, Mütterle, jetzt darfst du bald heimgehen."

Sie lächelte mich an und erwiderte nur: „Ja!"

Ich dachte mir nichts dabei und ging zurück in die Küche, um mir einen Kaffee zu kochen. Dann beschlich mich ein seltsames Gefühl, als sollte ich doch gleich nochmals an ihr Bett treten. Ich ging zurück zu ihr, sie lächelte mich zufrieden an. An ihrem seltsam gehenden Atem erkannte ich, dass etwas nicht stimmte.

Genau vor diesem Augenblick hatte ich mich gefürchtet. Ich wollte niemals allein am Sterbebett meiner Mutter stehen.

Doch Gott war mir gnädig: Mein Mann war in unmittelbarer Nähe und eine meiner Töchter auch. Ich rief beide zu mir. Meine Tochter erkannte sofort, dass es so weit war, stellte mir einen Stuhl neben Mutters Bett und fragte mich, ob ich mit ihr allein sein wolle, um ihr noch etwas zu sagen. Ja, sagen wollte ich ihr noch etwas, aber im Beisein meiner Familie. So bat ich Mutter um Verzeihung für alle Verfehlungen. Ich dankte ihr für alles Liebe, was sie uns und unseren Kindern getan hatte; ich sagte ihr, dass sie für uns die allerbeste Mutter und Oma war. Mit einem Lächeln im Gesicht hörte sie zu, und als ihr Atem immer schwerer wurde, schloss sie die Augen für immer.

So verging von meinem Satz „Ja, Mütterle, jetzt darfst du bald heimgehen" bis zu ihrem Heimgang keine Viertelstunde. Mutter hatte es im Leben gut mit uns gemeint und wollte es uns immer recht machen. Sogar in ihren letzten Stunden wartete sie auf unser Ja, damit sie ihre Reise beenden und nach Hause gehen konnte zu ihrem Herrn.

Seit Mutter in den Himmel gezogen ist, hat der Tod für mich viel von seinem Schrecken verloren. Ich bin froh, dass Gott alles so weise geordnet und mir die Kraft gegeben hat durchzuhalten, auch wenn es manchmal schwierig war. Ich bin so dankbar für die letzten Jahre mit meiner Mutter. Ich konnte bei ihr sein, bis sie diese Welt verließ. Ich vermisse sie noch oft, aber allmählich verändert sich der Abschiedsschmerz. Die Dankbarkeit überwiegt, und die Gewissheit, sie eines Tages im Himmel wiederzusehen, tröstet mich.

Zum Schmunzeln

Als der Arzt ihr mitteilte, dass sie höchstens noch drei Monate zu leben hätte, beschloss sie, sofort alle Details ihrer Beerdigung festzulegen. Zusammen mit dem Pastor besprach sie, welche

Lieder gesungen werden sollten, welche Texte verlesen und welche Kleider sie anhaben sollte. „Und dann gibt es noch eine sehr wichtige Sache! Ich will mit einer Gabel in der Hand begraben werden“, sagte sie schließlich. Der Pastor konnte seine Verwunderung nicht verbergen. Eine Gabel?

„Darf ich fragen, warum?“, erkundigte er sich vorsichtig.

„Das kann ich erklären“, antwortete die Frau mit einem Lächeln. „Ich war in meinem Leben zu vielen verschiedenen Feiern eingeladen. Und ich habe immer die Gänge am liebsten gemocht, wo diejenigen, die abgedeckt haben, sagten: ‚Die Gabel kannst du behalten!‘ Dann wusste ich, dass noch etwas Besseres kommen würde. Nicht nur Eis oder Pudding, sondern etwas Richtiges! Ich will, dass die Leute auf mich schauen, wenn ich da mit einer Gabel in der Hand in meinem Sarg liege, und sich fragen: ‚Was hat es denn mit der Gabel auf sich?‘ Und dann können Sie ihnen erklären, was ich gesagt habe. Und dann grüßen Sie sie und sagen ihnen, dass sie auch die Gabel behalten sollen. Es kommt noch etwas Besseres!“

Unser ewiges Zuhause

Gespräche mit meiner Mutter

Anne Graham Lotz

Vor einigen Jahren – kurz vor dem 11. September 2001 und nach dem Tod zweier Menschen, die mir besonders am Herzen lagen – bat mich mein Vater Billy Graham, das Buch „Heaven: My Father's House“ („Der Himmel: Das Haus meines Vaters“)

zu schreiben. So sehr hatte ihn der Vortrag ermutigt, den ich über Offenbarung 21 gehalten hatte. Darin ging es um die Momente, in denen der Apostel Johannes Augenzeuge unseres himmlischen Zuhauses wurde. Mein Vater hatte das Gefühl, ich sollte diese Botschaft in schriftlicher Form an andere weitergeben. Das tat ich dann auch.

Aber es wäre mir nicht im Traum eingefallen, dass Gott mich eines Tages mit genau diesen Worten ermutigen würde, die andere ermutigt haben. Doch Johannes' herrliche Schilderung vom Himmel hat mich sehr getröstet, seit meine geliebte Mutter, Ruth Bell Graham, dorthin gezogen ist.

Da meine Mutter schon seit einiger Zeit schwach und bettlägerig gewesen war, fragte mich bei der Beerdigung jemand, wann wir das letzte bedeutungsvolle Gespräch geführt hätten. Diese Frage überraschte mich. Jedes Gespräch mit meiner Mutter war bedeutsam gewesen! Und an dem Tag, an dem sie in den Himmel, in das Haus unseres Vaters, zog, hatte ich noch am Morgen mit ihr gesprochen.

Ich erinnere mich auch an ein Gespräch mit Mutter einige Wochen, bevor ihr Glauben zum Schauen wurde. Wir unterhielten uns über den Himmel und ich erzählte ihr von meinem Besuch in Westminster Abbey in London. In dieser Kathedrale werden die britischen Könige und Königinnen gekrönt, dort finden die Hochzeiten der königlichen Familie statt, und herausragende Persönlichkeiten werden hier begraben.

Der Touristeneingang, der zur Kathedrale führt, ist eher klein und unbedeutend. Als ich durch ihn hineinging, kam ich in einen dunklen, überfüllten Vorraum, in dem ich eine Eintrittskarte und einen Reiseführer kaufte. Auf der gegenüberliegenden Seite des Raumes befand sich eine weitere Tür. Diese öffnete den Weg zum prunkvollen, prächtigen, weiten Altarraum von Westminster Abbey.

Dieser vollgestopfte, schummrige Vorraum dient nur einem einzigen Zweck: Die Touristen können dort ihre Eintrittskarte und einen Reiseführer kaufen, bevor sie die Kathedrale betreten. Ich kann mir nicht vorstellen, dass irgendjemand schon damit zufrieden wäre, die Eintrittskarte in der Hand zu halten oder den Reiseführer durchzublättern, und in dem Vorraum von Westminster Abbey stehen bleibt.

Ich sagte Mutter, dass unser Leben diesem Vorraum von Westminster Abbey gleicht. In diesem Leben erwerben wir die „Eintrittskarte" für den Himmel, wenn wir durch den Glauben an Jesus in die Familie Gottes hineingeboren werden. Und wir machen uns mit dem „Reiseführer" zum Himmel vertraut – der Bibel. Aber wie dumm wären wir, wenn wir für immer im Vorraum bleiben und nie in Gottes Heiligtum weitergehen wollten?!

Meine Mutter verließ den Vorraum und zog in das Heiligtum unseres Vaterhauses um: am 14. Juni 2007 um 17:05 Uhr – vier Tage vor ihrem 87. Geburtstag. Im Moment fühle ich mich so, als würde ich mich nie von ihrem Umzug erholen. Sie bedeutet mir so viel. Ihr Leben und ihr Tod werden noch jahrelang mein Denken bestimmen. Es ist mir immer noch unbegreiflich, dass meine Mutter nicht mehr hier ist … dass ich nicht mehr das Funkeln in ihren Augen sehen, die Weisheit ihrer Worte hören oder über ihre Schlagfertigkeit, ihre frechen Sprüche und Scherze lachen kann. Dass ich nicht mehr sehe, wie ihre Hand die meiner Enkeltochter berührt, und ich mich nicht mehr in ihrer fröhlich-gesegneten Gegenwart sonnen kann.

Es tröstet mich, wenn ich mich daran erinnere, dass Jesus auch am Grab seines Freundes Lazarus geweint hat, obwohl er wusste, dass er ihn von den Toten auferwecken würde. Meine Hoffnung, Mutter wiederzusehen, mein Frieden darüber, sie im Haus unseres Vaters zu wissen, und meine Freude, mich an all die kostbaren Momente mit ihr zu erinnern, haben meine Tränen *nicht* gedämmt. Doch obwohl mein Herz wehtut, weiß ich, dass der Sinn ihres Lebens – und *unseres* Lebens – der ist, den Himmel zu betreten, das Heiligtum im Haus unseres Vaters.

Eines Tages werde auch ich den Vorraum verlassen, um ewig im Heiligtum zu leben. In der Zwischenzeit will ich dazu beitragen, dass andere einen Blick auf das Haus unseres Vaters erhaschen können, damit auch sie sich darauf freuen, dort einzuziehen. Jesus sagt: „Im Haus meines Vaters gibt es viele Wohnungen … Ich gehe hin, um dort alles für euch vorzubereiten" (Johannes 14,2; Hoffnung für alle).

Sie werden erwartet

John Todd war gerade einmal sechs Jahre alt, als er Vollwaise wurde. Er war eines von sieben Kindern, und wie das Anfang des 19. Jahrhunderts so üblich war, wurden er und seine Geschwister bei verschiedenen Verwandten untergebracht. Eine Tante bot an, den kleinen John zu sich zu nehmen. Sie sandte ihren Diener, um John abzuholen. Als sie sich auf den Weg machten, verrieten die Fragen des Jungen seine Ängste:

„Wird es mir bei ihr gefallen?"

„Mein Junge, du kommst in gute Hände."

„Wird sie mich lieb haben?"

„Sie hat ein weites Herz."

„Wird sie schon schlafen, wenn wir ankommen?"

„Aber nein! Sie wird ganz sicher auf uns warten. Sobald wir aus diesem Wald heraus sind, wirst du eine Kerze in ihrem Fenster entdecken."

Und wirklich, als sie sich dem Haus näherten, sah John eine Kerze im Fenster und seine Tante in der Haustür stehen. Als er sich der Treppe näherte, lief sie auf ihn zu, küsste ihn und rief: „Willkommen zu Hause!"

John Todd wuchs unter der Obhut seiner Tante auf und wurde Pastor. Jahre später sandte sie ihm die Nachricht von ihrem nahenden Tod. Er antwortete ihr mit einem Brief, in dem stand:

Meine liebe Tante,
vor Jahren verließ ich ein Haus des Todes und wusste nicht, wohin ich kommen würde. Der Ritt war lang, aber der Diener machte mir Mut. Endlich landete ich in Deinen Armen und damit in meinem neuen Zuhause. Ich wurde erwartet. Ich fühlte mich geborgen.

Jetzt bist Du an der Reihe heimzugehen. Ich schreibe dir, weil du wissen sollst, dass jemand auf Dich wartet. Deine Wohnung ist bereitet. Das Licht ist angezündet. Die Tür steht offen und Du wirst erwartet!

Das Gleiche gilt für Sie. Jesus bereitet einen Platz für Sie vor. Einen vollkommenen Ort mit vollkommen gemachten Menschen und einem vollkommenen Herrn. Und zur rechten Zeit wird er kommen und Sie nach Hause holen.

Erzählt von Max Lucado in seinem Buch „3:16 – Zahlen der Hoffnung"

• •

Wanderer zwischen Welten

In vielen Städten gibt es beeindruckende Brücken – Kunstwerke aus Stein oder Stahl, die das Leben der Menschen prägen. Doch es gibt eine Brücke, die die längste Hängebrücke der Geschichte ist. Ihre Pfeiler sind fest verankert im Boden von Golgatha. Sie ist gerade und schmal und Gott selbst hat sie gebaut: die Brücke des Kreuzes, die Zeit und Ewigkeit überspannt.

Das Kreuz ist die Brücke zwischen hilfloser Verzweiflung und felsenfester Hoffnung.

Wir stehen auf der einen Seite – dem Tod unterworfen. Gott ist auf der anderen Seite – und bei ihm ist der Himmel und ewiges Leben. Die Kluft ist zu groß, um sie durch menschliche Anstrengung zu überwinden. Aber zwischen Gott und den Menschen steht das Kreuz, das den Abgrund überbrückt.

Durch das Kreuz rettet Gott uns nicht nur von einem Leben ohne Sinn auf dieser Welt, sondern schenkt uns Hoffnung über den Tod hinaus.

Der Tod, die Grablegung und die Auferstehung Jesu Christi sind zentrale Ereignisse der Menschheitsgeschichte und zusammen genommen das wichtigste Ereignis im persönlichen Leben eines jeden von uns. Die Auferstehung Jesu Christi von den Toten, in der sich die Kraft Gottes dem ganzen Universum gezeigt hat, betrifft unser aller Leben, und zwar Vergangenheit, Gegenwart und Zukunft.

Eine der Verfilmungen von „Die Chroniken von Narnia" führt Gottes Brücke anschaulich vor Augen: Die Kinder betreten eine hohe Brücke in den Bergen – geheimnisvoll und eingehüllt in dichten Nebel. Der Wind tost, doch die Brücke ist sicher. Auf halbem Weg verändert sich die Atmosphäre. Musik erklingt. Eine sanfte Brise bringt den Duft von Blumen mit sich. Sobald die Kinder die Brücke auf der anderen Seite verlassen haben, sind sie in einem wunderbaren Land voller Klarheit, Licht, Farben, Musik und Harmonie. Nicht weit entfernt funkeln die Dächer einer goldenen Stadt.

Die Bibel veranschaulicht dieses Bild ebenfalls. Im Hier und Jetzt sind Christen Wanderer zwischen den Welten. Christus ist die Brücke. Er bringt uns sicheren Fußes von der Erde in den Himmel. Im Augenblick des Todes betritt der Christ ein anderes Land – durch Jesus Christus.

Unser Erlöser hat in dieser Welt gelebt und er kennt den einzigen Weg aus dieser Welt hinaus in den Himmel. Er hat uns den Weg bereitet. Er selbst *ist* der Weg.

Meine Schwiegermutter und ich

Verletzungen vergeben

Elisabeth Kapsreiter

Es ist ein grauer Dezembermorgen. Am Nachmittag soll meine Schwiegermutter beerdigt werden.

Ich sitze am Küchentisch und schreibe einen Brief – einen Abschiedsbrief, den ich in das Grab werfen möchte. Dabei schweifen meine Gedanken ständig ab und viele Bilder werden vor meinen Augen lebendig. Meine Schwiegermutter war eine ganz besondere Frau. Über viele Jahre hat sie mein Leben beeinflusst und geprägt.

Im Alter von zwei Jahren verlor sie durch eine Hirnhautentzündung ihr Gehör vollständig. Als sie vier Jahre alt war, starb ihre Mutter. Zwei Stiefmütter folgten, machten ihr Leben jedoch nicht gerade besser.

Sie heiratete einen ebenfalls gehörlosen Mann, schenkte sieben gesunden Kindern das Leben und wurde bereits mit 44 Jahren plötzlich Witwe. Damals war ihr jüngster Sohn gerade neun Monate alt.

Ihr drittgeborener Sohn wurde, nachdem die beiden älteren Geschwister aus dem Haus waren, zu ihrer wichtigsten Stütze im Leben. Und genau dieser Mann war meine große Liebe! Als er mich seiner Mutter vorstellte, rechnete ich mit Abwehr von ihrer Seite – war ich doch im Begriff, ihr diesen Sohn „wegzunehmen“. Aber davon war nichts zu spüren! Ohne Widerstand akzeptierte sie, dass nun eine andere Frau den ersten Platz im Herzen ihres Sohnes einnahm.

Ich hatte zum ersten Mal Kontakt mit einem gehörlosen Menschen und merkte schnell, dass ich Kommunikation ganz neu „buchstabieren“ musste. Aber ich war fest entschlossen, jede Hemmschwelle zu überwinden und mich mit meiner Schwiegermutter genauso gut verständigen zu können wie ihre Kinder.

Da sie in ihren ersten beiden Lebensjahren hatte hören können, war ihre Sprachfähigkeit entwickelt, und sie las von den Lippen ab. Im Umgang mit anderen Gehörlosen benutzte sie jedoch die Gebärdensprache.

Von den Lippen abzulesen bedeutete jedoch nicht, dass sie normale Sätze verstehen konnte, wie Hörende sie formen. Im Grunde entwickelten wir eine eigene Sprache. Alles, was wir uns mitteilen wollten, musste zunächst kurz durchdacht und dann so formuliert werden, dass es ihrem Wortschatz entsprach. Oft bedeutete das ein langes Ringen um den richtigen Ausdruck, aber meine Schwiegermutter ließ nie zu, dass wir dabei aufgaben!

Am glücklichsten war sie, wenn wir drei, vier Stunden in höchster Konzentration miteinander redeten. Dann blühte sie auf und ihr Wortschatz vergrößerte sich. War sie längere Zeit ohne richtigen Austausch, konnten wir das deutlich an der verminderten Sprachfähigkeit merken.

Am Beginn unserer Beziehung forderte sie mich – unbewusst – zu einem konsequenten Lernprozess heraus. Verständigung war ja nicht möglich, ohne dass wir vorher Blickkontakt aufgenommen hatten. Den meisten hörenden Menschen ist sicher nicht bewusst, wie viele Worte gesprochen werden, ohne dass sie sich in die Augen sehen. Natürlich ist es einfacher, wenn wir nicht alle Tätigkeiten unterbrechen müssen, um uns etwas mitzuteilen. Und manche Dinge sagen sich auch leichter, wenn wir den Blick in eine andere Richtung lenken können.

So wurde meine Schwiegermutter zu meiner großen Lehrmeisterin in Sachen Kommunikation.

Nach ihrem 75. Geburtstag vollzog sich mit ihr eine erschreckende Veränderung. Sie hatte dieses Ereignis lange vorbereitet und sich sehr auf das große Fest gefreut. Kurze Zeit danach war sie jedoch kaum wiederzuerkennen – körperlich sehr geschwächt, ohne jeden Lebenswillen. Für sie und ihre Kinder sowie deren Familien begann eine schwierige Phase.

Nach zwei Jahren, in denen sie verschiedene Male im Krankenhaus gewesen war, konnten wir vor der Diagnose nicht länger die Augen verschließen: Alzheimer, fortgeschrittene Demenz.

In einem Gespräch mit meinem Mann brachte meine Schwiegermutter zum Ausdruck, dass sie gerne bei uns wohnen wollte. Es war eine tiefgehende Erfahrung, als Gott mein Herz berührte: Mir wurde klar, dass ich meine Berufstätigkeit und manch andere Dienste aufgeben sollte, um mich um meine Schwiegermutter zu kümmern.

Voller Idealismus ging ich diese Aufgabe an. Das innige Verhältnis, das wir zueinander aufgebaut hatten, und der Wunsch zu helfen – verbunden mit der inneren Gewissheit, dass auch Gott dies wollte – schienen mir eine ausreichende Grundlage zu sein, um die neue Situation zu meistern.

Meine Schwiegermutter war körperlich stark geschwächt und ihrer Umgebung gegenüber sehr passiv geworden. Deshalb hatte ich in erster Linie die Vorstellung, dass es meine

Aufgabe sein würde, sie zu pflegen und ihr mit Liebe und Fantasie schöne Stunden zu bereiten.

Durch die Aussicht, zu uns zu ziehen, blühte sie jedoch wieder auf und nahm an Gewicht zu. Sie kam ihrerseits mit der Vorstellung zu uns, mir den Haushalt zu führen. Dass dies nicht lange gut gehen konnte, lag in der Natur der Sache.

Eine Zeit lang machten wir alles gemeinsam. So wurden in ihrer ersten Woche bei uns dreimal alle Stühle und der Tisch im Esszimmer abgewaschen und poliert. Wir hielten zusammen den Mixer beim Kuchenbacken, und ich legte unauffällig bereit, was für den nächsten Schritt benötigt wurde.

Aber mir wurde schnell bewusst, dass ich diesen Lebensstil nicht lange durchhalten konnte. Wenn meine Schwiegermutter dann sah, wie ich Arbeiten im Haushalt alleine wesentlich schneller bewältigte, wurde sie ganz mutlos. Schleichend veränderte sich unsere Beziehung. An allem, was sie nicht mehr machen konnte, war nun entweder ich oder unser dummes Bügeleisen oder sonst irgendein Gegenstand in unserem Haushalt schuld.

Die Auswirkungen der fortschreitenden Demenz wurden uns in ihrer ganzen Härte erst im täglichen Miteinander deutlich. In den Augen meiner Schwiegermutter verwandelte ich mich allmählich in ihre Stiefmutter, der sie ihren ganzen Widerstand entgegensetzte. Sie wollte nicht mehr reden, verlor dadurch fast ihren gesamten Wortschatz. Dann reagierte sie mit einem Verhalten, mit dem sie schon in der Vergangenheit in den Krisenzeiten ihres Lebens immer wieder ihre Ohnmacht zum Ausdruck gebracht hatte: Sie verweigerte das Essen. Damit traf sie mich an meiner empfindlichsten Stelle.

Natürlich hatte ich mich in der Zwischenzeit intensiv mit der

Pflege Demenzkranker beschäftigt. Aber alle Ratgeber gingen von der Hörfähigkeit des Patienten aus. Miteinander reden, singen, spielen, etwas unternehmen: All dies war in unserer speziellen Situation nicht mehr möglich. Liebevolle Berührungen ließ meine Schwiegermutter immer weniger zu, sie fielen mir auch zunehmend schwerer. So überlegte ich täglich, wie ich ihr mit wohlschmeckendem Essen etwas Gutes tun konnte. Durch ihre Verweigerung fühlte ich mich regelrecht schachmatt gesetzt und auch persönlich verletzt.

Unsere in langen Jahren aufgebaute Beziehung – wo war sie geblieben? Sie schien in ein großes schwarzes Loch gefallen zu sein. Das Gefühl des Versagens wurde fast übermächtig.

Meine Schwiegermutter baute körperlich immer weiter ab, bis wir uns in einer harten Entscheidungsfindung dazu durchrangen, eine Magensonde legen zu lassen. Ich wurde selbst sehr krank und musste operiert werden. Beides zusammen hatte zur Folge, dass wir meine Schwiegermutter schweren Herzens in ein nahe gelegenes Heim gaben.

Doch wir konnten aufatmen – diese Schritte stellten sich als gut heraus. Sie kam wieder zu Kräften, die Magensonde wurde entfernt. Doch schließlich ging es erneut bergab. Mit 79 Jahren starb meine Schwiegermutter am frühen Weihnachtsmorgen.

~

In dieser schwierigen Zeit waren einige Dinge geschehen, die ich vom Verstand her vergeben hatte. Doch in meinem Herzen waren Anklagen hängen geblieben. Auf keinen Fall wollte ich über den Tod hinaus diese Anklagen in mir zulassen. Sie hätten wohl unweigerlich zu einer Verbitterung geführt.

So dachte ich darüber nach, wie ich symbolhaft die Vergebung zum Ausdruck bringen konnte. In Psalm 103 lesen wir, dass Gott unsere Sünden von uns entfernt, so fern der Morgen vom Abend ist. In einer anderen Bibelstelle heißt es, dass er sie ins äußerste Meer wirft.

In diese Überlegungen hinein sah ich vor meinem inneren Auge ein Grab als so einen unzugänglichen Ort. Da kam mir der Gedanke, in einem Brief all das auszusprechen, was mich belastete, meine Schwiegermutter um Vergebung zu bitten, ihr von Herzen alles zu vergeben und sie der Gnade und dem Frieden Gottes anzubefehlen.

So saß ich nun einige Stunden vor der Beerdigung in der Küche und schrieb diesen Brief, der einen Schlussstrich unter die letzten harten Jahre ziehen sollte.

Doch dann passierte etwas Besonderes! Die Beerdigung war fast vorbei; mein Mann, meine Schwägerin und ich gingen als Letzte vom Grab weg. Am Friedhofsausgang kam mir der Gedanke, den Totengräbern noch zu sagen, wie sie die Kränze anordnen sollten. Ich ging allein zurück – und da stand im offenen Grab einer der Totengräber und hielt mir meinen Brief entgegen.

Für einen Augenblick schien die Zeit stillzustehen; meine Wahrnehmung spielte sich gleichzeitig auf mehreren Ebenen ab. Da war zum einen diese groteske Situation – der Mann im Grab und die anderen drei Totengräber um das Grab herum. Für einen Moment war ich versucht, den Brief entgegenzunehmen und höflich Danke zu sagen.

Dann war da der schreckliche Gedanke: *Willst du diese ganze Last wirklich wieder auf dich nehmen?* Mit einer fast wilden Entschlossenheit riss ich dem Mann den Brief aus der Hand und warf ihn wieder ins Grab. „Nein, dieser Brief muss da drinbleiben!“ Der Mann wiederholte es seinem Kollegen gegenüber und einer sagte es dem andern weiter.

Was für ein Bild der Vergebung wurde mir in diesem Augenblick geschenkt! In meinem Herzen wusste ich plötzlich: *Gott selbst ist hier und stellt mich noch einmal auf die Probe. Will ich diese Erlebnisse wirklich loslassen?*

Mit einem Mal wurde mir ganz leicht zumute. Es war wie ein letzter Abschiedsgruß: Meine Schwiegermutter und ich und Gott in unserer Mitte! Und ich wusste: Die Wunden der Vergangenheit werden heilen. Ich werde meine Schwiegermutter so im Herzen behalten können, wie sie vor ihrer Krankheit war, als wir eine ganz besondere Beziehung zueinander hatten.

Der Trost der Weihnacht

Lotte Bormuth

Während der Weihnachtsfeier saß ich in der hintersten Ecke. Mir war nicht nach Feiern zumute. Mein Vater war gestorben, und dies war das erste Weihnachtsfest, das ich ohne ihn verbringen musste. Der Raum war nur schwach beleuchtet, und ich hoffte, die Dunkelheit würde sich wie ein schützender Mantel um mich legen. Die Traurigkeit hatte mich fest im Griff. Es war, als würde sich eine dunkle Wolke auf mein Gemüt legen. Ich hoffte, die schwache Kerzenbeleuchtung würde meine Tränen die mir unaufhaltsam über die Wangen flossen, unentdeckt lassen. Für mich gab es in diesem Jahr kein frohes Fest. Denn wie hätte ich feiern können, wo doch mein Vater tot war? Da konnte keine fröhliche Weihnachtsstimmung aufkommen. Von der Andacht nahm ich kein Wort wahr, so sehr bedrängte mich der Verlust meines Vaters. Nur die Liedverse von Jochen Klepper erreichten meine Sinne:

Die Nacht ist vorgedrungen,
der Tag ist nicht mehr fern.
So sei nun Lob gesungen
dem hellen Morgenstern!
Auch wer zur Nacht geweinet,
der stimme froh mit ein.
Der Morgenstern bescheinet
auch deine Angst und Pein.

Noch manche Nacht wird fallen
auf Menschenleid und -schuld.
Doch wandert nun mit allen
der Stern der Gotteshuld.
Beglänzt von seinem Lichte
hält euch kein Dunkel mehr.
Von Gottes Angesichte
kam euch die Rettung her.

Weihnachten ist nicht nur ein Fest der hellen, frohen Töne. Weihnachten reißt auch Wunden auf, wenn wir an Menschen denken, mit denen wir unter dem Tannenbaum gesessen haben und die nun nicht mehr unter uns sind.

Viel zu lange dauerte mir die Feierstunde. Endlich klang sie aus mit dem Lied „O du fröhliche, o du selige, gnadenbringende Weihnachtszeit …".

Ich wollte schnell auf den Ausgang zueilen, da trat ein Herr auf mich zu. Ich kannte ihn gut. Er legte behutsam seine Hand auf meine Schulter und sagte leise: „Frau Bormuth, ich weiß nicht, was Sie so zum Weinen bringt. Aber ich werde für Sie beten. Jesus wird Ihnen seinen Trost geben."

Ich war etwas erschrocken, denn nun hatte ich meine Tränen doch nicht verbergen können. Aber dann drangen seine Worte tief in mein Herz. Die dunkle Wolke der Beklemmung und Traurigkeit musste weichen. Ein Strahl göttlicher Zuversicht schenkte mir Frieden.

Gewiss, die Tränen rannen mir noch lange über die Wangen, vor allem in den Nachtstunden, als ich keinen Schlaf finden konnte. Aber ich war doch getröstet, weil ein Mensch mein Leid auf sein betendes Herz genommen hatte. Eine stille Freude kam in mir auf.

Ich denke bis heute gerne an diesen Menschen, der mir seine Liebe und Freundlichkeit zugewandt hat. Das ist die rechte Art, Weihnachten zu feiern.

Seitdem ich selbst so viel Trost erfahren habe, ist es mir ein Anliegen, auch andere Menschen zu trösten. So beginne ich schon früh in der Adventszeit, gerade den Menschen Briefe zu schreiben, die vielleicht keine Post erhalten. Die traurig oder krank sind. Die einen lieben Menschen durch den Tod verloren haben. Ich nehme mir Zeit in der Stille, um die Namen der Trauernden, Ungetrösteten, Schwerkranken und Leidtragenden vor Gott zu nennen.

Gott selbst ermutigt uns: „Tröstet, tröstet mein Volk! […] denn die Herrlichkeit des Herrn soll offenbart werden […] Er wird seine Herde weiden wie ein Hirte. Er wird die Lämmer in seinen Arm sammeln und im Bausch seines Gewandes tragen und die Mutterschafe führen" (Jesaja 40,1.5.11; Luther). Solch einen Gott haben wir, der mit uns leidet, unsere Wunden verbindet und uns tröstet und heilt!

Sie hat es geschafft!

Iris Stiegeler

Ich erinnere mich, als wäre es gestern gewesen: Mein Vater rief mich an und erzählte, dass meine Mutter Krebs hatte. Das war ein Schock für uns! Sie wurde operiert und die Ärzte waren sehr zufrieden mit dem Ergebnis. Doch drei Jahre später bekam sie unerklärliche Schmerzen, leichtes Fieber und verlor an Gewicht. Nach vielen Untersuchungen fand man heraus, dass sich ein Tumor am Rückenmuskel gebildet hatte. Wieder wurde Mutter operiert, aber die Ärzte konnten nicht alles entfernen. Mutter begann sich ernsthaft mit ihrem Tod zu beschäftigen.

Menschen erzählten mir vom Leiden und Sterben ihrer Angehörigen und ich las viel zu diesem Thema. So begann Gott, mich Stück für Stück darauf vorzubereiten, den Tod meiner Mutter mitzuerleben.

Zu dieser Zeit hatte ich eine Stelle als Musiklehrerin und lebte 700 Kilometer von ihr entfernt. Wir telefonierten miteinander und schrieben uns oft. In jeden Schulferien fuhr ich nach Hause. Als sie dann ständige Pflege brauchte, machte ich mich bereit, dabei zu helfen. Schon da fing ich an, mich innerlich auf die kommende Trauerzeit einzustellen. In Gedanken spielte ich durch, was sein würde, und empfand schon im Voraus eine tiefe Traurigkeit. Diese Vorbereitungszeit half mir später sehr, nicht von den Ereignissen überrumpelt zu werden und mit den Gefühlen besser klarzukommen.

Gott erhörte meine Gebete, und ich bekam direkt vor den Sommerferien sechs Wochen Sonderurlaub, sodass ich insgesamt zwölf Wochen bei meiner Mutter sein konnte. In allem, was dafür zu organisieren war, hat Gott mir wunderbar geholfen.

Als ich nun bei meiner Mutter war, lernte ich, Dinge zu tun, die ich vorher nicht für möglich gehalten hätte, zum Beispiel, wie man Kranke umbettet, sie wäscht, auf die Bettpfanne setzt, sauber macht und einiges mehr. Ich musste beten, um Scheu und Ekel vor manchen dieser Aufgaben zu überwinden. Aber mit der Zeit ging es immer besser.

Allerdings gab es auch Zeiten, in denen ich es unerträglich fand, immer wieder über Schmerzen, Tabletten und Ärzte zu sprechen. Als ich über Wochen und Monate hinweg fast täglich mit dem Leid eines lieben Menschen konfrontiert wurde, erlebte ich Höhen und Tiefen und merkte: Die Gefahr, verzweifelt oder bitter, rebellisch oder selbstmitleidig zu werden, liegt nahe.

Schwierig fand ich das Gespräch mit meiner kranken Mutter. Ich musste lernen, mich selbst zurückzunehmen und ganz auf sie einzugehen, ihr zuzuhören, sie zu ermutigen und ungelöste Fragen offen stehen zu lassen. Wenn sie vor Schmerzen schrie, betete ich und fragte Gott, was ich tun sollte. Oft hielt ich nur ihre Hand und stand ihr bei, bis die Attacke vorüber war.

~

Nachdem ich während der ersten eineinhalb Jahre die Schmerzen meiner Mutter nur aus der Ferne oder bei Besuchen erlebt hatte, stand ich sie in den letzten Wochen mit ihr gemeinsam durch. So schwer das auch war, möchte ich diese Erfahrung doch nicht missen; denn solch ein Dienst an einem Elternteil schenkt den Beteiligten sehr viel Segen.

In dieser Zeit lernte ich, meine Sorgen auf Gott zu werfen, und bekam von ihm die Kraft durchzuhalten. Ich musizierte für meine Mutter, sang Chorusse, las ihr aus der Bibel vor und betete mit ihr. Sie wünschte sich die Psalmen, und ich wählte die Texte so aus, dass sie viel über Vergebung und Errettung erfuhr. Nach einer Weile wollte sie Gott ihr Leben anvertrauen. Das war für mich das größte Wunder: In gewisser Weise war Mutter schon ihr ganzes Leben lang gläubig gewesen, aber sie hatte nie klar ihr Leben Jesus Christus anvertraut und deshalb auch keine Gewissheit auf ewiges Leben gehabt. Nun öffnete Gott meiner Mutter das Herz. Sie verstand, wie wichtig diese Entscheidung war, und bat mich, sie bei diesem Schritt zu begleiten. Ich weinte vor Freude. Wir sprachen über Tod und Auferstehung, lasen ein Buch darüber und sangen Lieder, die dies zum Thema hatten. Jeden Abend beteten wir miteinander.

Trotz des vielen Morphiums war sie oft bei vollem Bewusstsein. Leider musste sie am Schluss doch noch wegen einer Komplikation ins Krankenhaus. Wir bekamen ein Einzelzimmer mit einem Zusatzbett für mich. So konnte ich die letzten vier Tage und Nächte bei ihr sein, sie mit pflegen und mit betreuen. Körperlich war ich sehr erschöpft und übermüdet, aber geistlich war ich hellwach und mit ganzem Herzen dabei.

Dann, eines späten Abends, als ich gerade ins Bett gehen wollte, fühlte ich mich innerlich gedrängt, noch einmal an Mutters Bett zu treten. Ich merkte, dass ihre Atmung ruhiger wurde. Ihre Augen schauten in meine Richtung. Immer schwächer wurde ihre Atmung und hörte schließlich ganz auf. Dann wich alle Farbe aus ihrem Gesicht und sie bekam einen wunderbar friedlichen Gesichtsausdruck. Ich rief die Nachtschwester. Während der ganzen Zeit hatte ich meiner Mutter zugesprochen, dass Papa und ich sie lieb hatten, dass sie jetzt zu Jesus kommen und durch ein Tor in die Ewigkeit gehen würde und ihr Leiden vorbei sei.

Als die Schwester kam, rief ich ihr entgegen: „Sie hat es geschafft!“, und freute mich, obwohl ich traurig war. Ich hatte jemanden bis zum Grenzübergang begleitet und dabei ermutigt, über die Schwelle zu treten. Nach diesem überwältigenden Erlebnis weinte ich vor Freude und Erleichterung.

Zum Schmunzeln

Als John Quincy Adams, der sechste Präsident der USA, schon sehr alt war, wurde er gefragt, wie es ihm ginge. Er antwortete: „Danke sehr, mein Herr, John Quincy Adams geht es sehr gut. Nur das Haus, in dem er lebt, geht in die Brüche. Die Jahre haben es mitgenommen: Das Dach ist undicht, die Wände sind wackelig, es zittert bei jedem Windstoß. Ich vermute, John Quincy Adams wird bald ausziehen müssen. Ihm selbst aber geht es sehr gut."

Die rote Rose

Es ist leicht, Gottes Hand in folgender Geschichte zu sehen, die Steve Brown 1998 in der Zeitschrift „Keylife" veröffentlichte:

Eine Mutter war sterbenskrank. Ihre Tochter hatte die Möglichkeit, während der letzten Tage ihres Lebens viel Zeit mit ihr zu verbringen. In einem ihrer Gespräche sagte die Tochter: „Mama, können wir ein Geheimnis haben? Nur wir beide? Ich weiß, es klingt verrückt, aber wenn du stirbst und dann in den Himmel kommst und wenn es dort viel schöner ist, als du es dir jemals hättest träumen lassen, und wenn es dir gut geht und du Gott und Jesus siehst – würdest du mir dann eine rote Rose schicken?" Es war ein besonderer Augenblick zwischen den beiden, fast so, als würden sich Zeit und Ewigkeit berühren.

Die Mutter antwortete: „Ja, das werde ich tun."

Eine Woche später sagte die Tochter: „Mama, ich habe über

unser Geheimnis nachgedacht. Ich werde auf der Erde sein und du im Himmel. Wie wirst du denn dafür sorgen, dass ich die Rose bekomme?“

„Gott kann alles!“, entgegnete die Mutter.

Kurz darauf starb sie. Bei allem, was zu organisieren war, dachte die Tochter nicht mehr an das Geheimnis, das sie mit ihrer Mutter geteilt hatte. Dann geschah – in ihren eigenen Worten – Folgendes: „Auf einmal bemerkte ich aus dem Augenwinkel hinten im Bestattungsinstitut einen älteren Herrn mit einem Gehstock. Ich kannte ihn nicht. Ich war mir sicher, dass ich ihn nie zuvor gesehen hatte. Ich drehte mich um und sah zu ihm hinüber. Er kniete am Sarg meiner Mutter nieder und legte dann eine einzelne wunderschöne rote Rose in ihre Hände. Ich ging zu ihm hin und fragte ihn, was ihn denn veranlasst hätte, diese Rose zu bringen. Er antwortete: ‚Ach, Liebes, ich habe schon den ganzen Tag daran gedacht. Den ganzen Tag ging es mir nicht mehr aus dem Sinn. Ich wusste, ich musste für deine Mutter eine rote Rose besorgen.‘“

Was, wenn meine Mutter kein Christ war?

Meine Mutter starb, als ich noch sehr jung war. Oft habe ich mich gefragt, ob sie im Glauben an Jesus gestorben ist und ich sie somit im Himmel wiedersehen werde. Verwandte meinten: „Davon hat sie nie geredet.“ Die Bücher, mit denen sie sich beschäftigt hat, deuten darauf hin, dass sie in Sachen Religion andere Ansichten hatte. Aber sie ist in einem christlichen Elternhaus aufgewachsen, und ich bin sicher, dass meine Mutter in ihrer Kindheit das Evangelium gehört hat.

Letztlich weiß niemand, was ihr in den letzten Momenten ihres Lebens durch den Kopf ging. Es ist gut möglich, dass sie sich im Angesicht des Todes an das erinnert hat, was sie als Kind von

Jesus gehört hat, und sich ihm im Sterben anvertraut hat. Wie der Verbrecher am Kreuz, der sich Jesus in den letzten Stunden seines Lebens zuwandte, und Jesus sagte zu ihm: „Heute noch wirst du mit mir im Paradies sein" (Lukas 23,43; Neue Genfer Übersetzung). Kein großes Vertrauen oder bedeutende, sichtbare Taten sind nötig. Ein winziger Schritt im Glauben ist genug. Denn der allwissende, gnädige Gott liebt jeden Menschen noch viel mehr, als wir es je könnten.

Ich hoffe, dass meine Mutter Ähnliches erlebt hat. Das ist keine billige Vertröstung und keine Garantie. Aber es ist ein Trost für die begrenzte Zeit, die ich hier auf der Erde lebe.

Nicht alle Menschen werden in den Himmel kommen. Jesus spricht sehr deutlich von zwei verschiedenen Orten, an denen Menschen die Ewigkeit verbringen werden: Himmel und Hölle (Lukas 16,19–25). Gott ist im Himmel und er ist heilig. Unsere Sünden trennen uns von ihm. Deshalb brauchen wir Jesus. Wenn wir ihm vertrauen, sind unsere Sünden durch seinen stellvertretenden Tod vergeben, und wir können vor Gott bestehen. Wenn meine Mutter im Himmel ist, dann deshalb, weil sie vor ihrem Tod das angenommen hat, was Jesus für sie getan hat.

Wenn ein geliebter Mensch von uns gegangen ist, ohne sich zum Glauben an Jesus bekannt zu haben, trauern wir anders. Wir wissen nicht, ob wir ihn im Himmel wiedersehen werden, deshalb können wir uns nicht von ganzem Herzen darauf freuen. Doch andere Aspekte der Trauerarbeit sind die gleichen: Es ist heilsam, gute Erinnerungen zu bewahren, Verfehlungen und Versäumnisse zu vergeben. Und Gott zu vertrauen, dass er uns auf andere Weise schenken kann, was wir durch den Tod dieses Menschen verloren haben: Zuwendung, Zärtlichkeit, Gemeinschaft oder praktische Unterstützung.

Im Himmel werde ich sehen, ob meine Mutter da ist. Ich hoffe es sehr und würde sie so gerne in meine Arme schließen! Eigentlich ist es Gnade, dass ich nicht weiß, was in den letzten Augenblicken vor ihrem Tod in ihrem Herzen vorging. Denn so kann ich diese Frage in Gottes gute Hände legen.

Laura Beck

Der Tod meiner Schwester

Sarolta Rozgonyi

Wie gehen Sie mit Verlusten um? Die Geschichte dieses kleinen Jungen brachte mich zum Nachdenken:

Tommy saß in einem Fast-Food-Restaurant. Er war so darin versunken, seine Pommes in Ketchup zu tauchen, dass er alles um sich herum vergaß. Glücklich konzentrierte er sich auf jeden Bissen. Dies war ein besonderer Nachmittag – schon lange hatte er ihn geplant. Nun endlich hatte es geklappt: Er war mit seinem Vater hier!

Während sie ihre Mahlzeit genossen, lugte plötzlich ein zweijähriger Junge über den Tischrand. Er starrte Tommy an und beobachtete, wie er aß. Da nahm der Vater zwei Pommes von Tommys Teller, tauchte sie in Ketchup und wollte sie dem Jungen reichen. „Das gehört mir!", schrie Tommy und hielt die Hand des Vaters fest.

Der Vater war schockiert und überrascht. Konnte er denn nicht entscheiden, wem er ein paar Pommes gab? Schließlich hatte er sie gekauft. Doch Tommy war zu klein, um das zu verstehen. Er wusste nicht, dass sein Vater genug Geld hatte, um ihm noch mehr Pommes zu kaufen.

Jeder Erwachsene schmunzelt über Tommys „kindisches" Verhalten. Doch wie gehe ich damit um, wenn Gott mir etwas „wegnimmt", das ich zu besitzen glaube?

Es gab eine Menge Dinge, von denen ich glaubte, dass sie mir gehörten. Langsam und leise fing Gott an, meine Meinung über meine „Rechte" zu ändern. Das konnte er nur, indem er mir das eine oder andere wegnahm – Dinge, die ich festhielt.

Ich bin die jüngste von drei Töchtern. Schon als Kinder mussten wir im Haushalt helfen. Dazu gehörten auch schwerere Aufgaben. Ich war stolz darauf, dass ich Kohle schippen und Möbel rücken konnte. Doch mein schwacher Rücken überstand die Arbeit nicht so gut wie meine starken Arme. Ich musste eine Rückenoperation über mich ergehen lassen und danach mein Leben umstellen. Meine frühere Kraft hat mich verlassen. Ich kann nicht mehr spontan einkaufen fahren und bin nicht mehr so oft unterwegs. Auch meine alten Eltern kann ich nicht mehr so häufig besuchen.

Dann traf mich ein noch schmerzlicherer Verlust: Ich musste von einer meiner Schwestern Abschied nehmen. Ich erinnere mich an viele glückliche Momente mit ihr und auch an die gemeinsame Arbeit, die wir als Kinder zusammen bewältigt haben. Als kleine Mädchen haben wir oft Brot, Zucker und Mehl für unsere Mutter eingekauft. Oder wir haben Gras gepflückt für unsere Hühner und Kaninchen. Sie hat mir meine erste Anziehpuppe aus Pappe gebastelt und mir das Fahrradfahren beigebracht, obwohl ich ungeschickt und ängstlich war.

Manchmal haben wir lustige Dinge „erfunden": Zum Beispiel pressten wir Rosenblätter und gaben sie anschließend in ein Dampfbad. Doch das Ergebnis war nur eine hässliche braune Masse. Trotzdem haben wir „unser Produkt" ohne

Bedenken auf die saubere Bettwäsche gekippt. Anschließend drohte uns beiden eine Strafe, wenn wir nicht sämtliche Spuren entfernen würden. Doch zusammen konnten wir alles einfacher überstehen.

Später, als wir älter waren, entwickelten wir bessere Ideen. Eines Nachmittags – unsere Eltern waren auf der Arbeit – lud eine Firma zwei Tonnen Kohle für den Winter bei uns ab. Wir schnappten uns Schaufeln und schippten die Ladung allein ins Kohlelager, noch bevor unser Vater nach Hause kam. Auch geistlich standen wir uns nahe. Wir entschieden uns im selben Jahr, Jesus unser Leben anzuvertrauen. Von da an trafen wir uns oft im Bad – dem einzigen Raum, den wir abschließen konnten –, setzten uns auf den Rand der Badewanne, redeten über Freud und Leid und beteten füreinander.

Später, als wir beide eine eigene Familie gegründet hatten, wurden unsere „geheimen Treffen" seltener, doch wir gaben sie nie ganz auf. Wir erzählten uns, welche Gedankenblitze wir von Gott, durch unsere Familie oder die Gemeinde bekommen hatten. Wir verstanden, wie die andere denkt und fühlt. Immer war die Zeit zu knapp, nie aber der Stoff zum Reden.

Doch auf einmal musste ich mich damit abfinden, dass es meiner Schwester schwerfiel zu sprechen. Beim Telefonieren brauchten wir einen „Übersetzer", denn ich konnte nicht mehr verstehen, was sie sagte. Es war schwer zu akzeptieren, dass eine tückische Krankheit meine Schwester, die so voller Leben und Elan war, lähmte und ihre Muskeln förmlich auffraß! Als ich sie zum letzten Mal im Krankenhaus besuchte, kurz nach einer Behandlung, die ihr das Atmen erleichtern sollte, konnte ich nur noch eines in ihren tränenerfüllten Augen und auf ihren zitternden Lippen lesen: „Ich habe keine Stimme mehr …" Sie konnte nur noch leise in ihrem Herzen beten.

Gott beantwortete unsere Gebete nicht mit körperlicher Heilung, sondern indem er sie nach Hause in seine Arme holte. Das musste ich letztlich akzeptieren. Obwohl mir die Erkenntnis wehtat, ahnte ich, was wirklich wichtig ist. Nicht, dass wir sagen können: „Sie gehört immer noch zu uns“, sondern dass Jesus, bereits als sie jung war, gesagt hat: „Sie gehört zu mir.“

Wie können wir lernen, mit Verlusten umzugehen? Nur indem wir mit wachsender Zuversicht und Vertrauen alles in Gottes Hände legen, was wir zu besitzen meinen. Und wir sollten nicht vergessen, dass nicht wir den größten Verlust erlitten haben. Gott hat seinen einzigen Sohn vom Himmel auf die Erde gesandt. Unseretwegen hat er gelitten und das Kreuz ertragen. Jesus hat sich nicht gesträubt oder auf seinem Recht bestanden, im Himmel zu bleiben. Er hat nicht gesagt: „Das gehört mir!“ Er hat den Himmel hinter sich gelassen, um uns den Weg dorthin zu bahnen, obwohl der Preis dafür sein Tod war.

Er befreit uns davon, unsere „Besitztümer“ im Leben zu umklammern und zu verteidigen, indem wir ständig wiederholen: „Das gehört mir!“ Stattdessen können wir uns freuen, wenn Jesus auf uns zeigt und sagt: „Sie gehört mir!“

Checkliste

Wenn das Leben eine Reise zum Himmel ist, die irgendwann durch das Tal des Todes führt, sollten wir uns dann nicht auf das Abenteuer des Weges konzentrieren? Die folgende Checkliste kann Ihnen als Reiseführer dienen:

Über Ängste und Hoffnungen sprechen. Reden Sie mit anderen Menschen offen über den Tod und erzählen Sie von Ihrer

Hoffnung auf eine Ewigkeit im Himmel. Auf Christen wartet nach dem Tod ewige Freude und vollkommene Gemeinschaft mit Gott. Diese Zusage sollte Hoffnung und freudige Erwartung wecken, nicht Angst oder Sorge.

Nach Vergebung und Frieden trachten. Wenn ein geliebter Mensch stirbt, klagen die Hinterbliebenen oft: „Was wäre gewesen, wenn ..." und: „Hätte ich doch nur ..." Prüfen Sie Ihr Leben. Gibt es einen Menschen, dem Sie heute vergeben müssen? Die Bibel ermahnt uns nachdrücklich: „Suche Frieden und jage ihm nach" (Psalm 34,15; Luther).

Gelegenheiten nutzen. Oder wie es in dem Sprichwort heißt: „Man muss die Feste feiern, wie sie fallen." Achten Sie auf die kleinen Freuden des Alltags. Haben Sie heute den Sonnenaufgang genossen? Haben Sie heute jemanden zum Lachen gebracht? Sammeln Sie wertvolle Erinnerungen mit Ihrer Familie und Ihren Freunden, statt immer nur auf das Morgen zu warten.

Praktische Dinge klären. Planen Sie die praktischen Dinge voraus, die der Tod mit sich bringt. Haben Sie ein Testament gemacht? Ihre Angehörigen finanziell gut abgesichert? Selbst wenn Sie noch jung und gesund sind, sollten Sie mit Ihren Angehörigen über die Zeit nach Ihrem Tod sprechen.

Schätze sammeln. Verschenken Sie täglich etwas von sich selbst: Schreiben Sie jemandem ermutigende Worte. Trösten Sie einen traurigen Menschen. Verschenken Sie öfter eine Umarmung. Melden Sie sich freiwillig, wenn Helfer gesucht werden. Halten Sie aktiv nach Gelegenheiten Ausschau, wie Sie in das Leben anderer Menschen investieren können. Nutzen Sie die Zeit, die Ihnen bleibt, um Ihre Prioritäten neu zu ordnen und Jesus immer ähnlicher zu werden.

Erinnerungen für die Zukunft

Was ich von meiner Mutter gelernt habe

Roswitha Wurm

„Gott“, frage ich leise, „muss ich jetzt von meiner Mutter Abschied nehmen? Der plötzliche Zusammenbruch, die rasende Fahrt im Rettungsauto zum nächstgelegenen Krankenhaus, das bedauernde Kopfschütteln des Arztes – sind das alles Anzeichen, dass es zu Ende geht?“

Ich horche. Es ist still im Krankenzimmer. Nur das leise Ticken der medizinischen Geräte ist zu hören. Doch auf einmal scheint der sterile Raum wie von Musik erfüllt – innerlich „höre“ ich die Worte eines Liedes von Manfred Siebald: „… die Stimme aus dem Bett kommt nur noch zögernd dann und wann, und einer hält die klein gewordne Hand. Wenn Liebe erst zu Schmerz gerinnt, wenn jeder Satz Gewicht gewinnt, wenn schon Erinnerung beginnt, dann hört man sie, es sind letzte Worte.“

Abrupt richte ich mich aus meiner kauernden Haltung auf. Ist das Gottes Antwort auf mein Gebet? Ich selbst war es, die Mutters schwache Hand hielt. Eine Hand, die mich nur dann und wann sanft drückte. „Einfach weitermachen“, sagt Mutter kaum hörbar. „Ihr müsst einfach weitermachen.“ Wenige Stunden zuvor hatte sie noch munter zu Hause gewerkelt. Kurz darauf fiel sie in ein Koma, aus dem sie nicht mehr erwachen sollte.

So hatte ich mir den Abschied nicht vorgestellt. So jäh, ohne Vorankündigung. Mutter dagegen betete seit Jahren um einen raschen Tod, ohne lange pflegebedürftig zu sein. Gott hatte ihr Gebet erhört. Und ich war enttäuscht! Monate vergingen, bis ich erkannte, dass Gott nichts anderes getan hatte, als Mutters innigsten Wunsch zu erfüllen.

Mutters letzte Worte fassten ihr Lebensmotto zusammen: „Das Leben geht immer irgendwie weiter." So war sie – im Leben wie im Sterben: lebensbejahend. Realistisch. Und ausgerichtet auf die Bedürfnisse anderer.

„Lehre uns bedenken, dass wir sterben müssen, auf dass wir klug werden", ermahnt uns Gottes Wort (Psalm 90,12; Luther). Der Tod setzt unserem Leben eine Grenze, aber er macht es gerade deswegen für uns so kostbar. Wäre immer der glutrote, strahlende Schein der untergehenden Sonne am Himmel, würden wir achtlos daran vorübergehen. Da wir jedoch wissen, dass dieses Schauspiel nur wenige Minuten lang an klaren Sommertagen zu beobachten ist, stehen wir staunend still und betrachten dieses Wunder der Schöpfung. So ist es auch mit dem Tod. Er lehrt uns, das Leben sozusagen „aus der Zukunft betrachtet rückblickend" zu sehen: Woran möchte ich mich in der Zukunft erinnern, wenn ich an mein Leben zurückdenke? Was wird mir dann wichtig sein?

Meine Mutter hat mir ein Vermächtnis hinterlassen, das mich lehrt, lebenbejahend, realistisch und mit einem Herzen für andere zu leben. Folgende Prinzipien fassen dieses Vermächtnis zusammen:

Betrachten Sie das Leben mit einem „himmlischen Maßstab". Die Dinge dieser Welt sind im Vergleich zur Ewigkeit winzig klein. Messen Sie kleinen Streitigkeiten, achtlos dahingesagten Worten und Lieblosigkeiten keine allzu große Bedeutung bei. Die anderen merken es gar nicht, wenn wir gekränkt sind, und wir selbst gehen daran zugrunde. Schade um unsere Lebenszeit!

Lachen Sie jeden Tag. Freuen Sie sich täglich über mindestens eine Sache. Es muss nichts Bedeutsames für die Welt sein; es genügt, wenn es *Ihr* Herz erheitert und das Leben entspannt. Begegnen Sie den alltäglichen Missgeschicken mit Humor und sehen Sie über Unvollkommenes großzügig hinweg.

Vergessen Sie nie, wo Sie herkommen. Erst relativ spät ist

Mutter von ihren geliebten Bergen in die Großstadt gezogen. Ein Stück ihres Herzens blieb immer in ihrer Heimat Tirol. Es verging kein Tag, an dem sie nicht davon sprach, kein Tag, an dem sie nicht in irgendeiner Weise mit ihren Lieben dort in Verbindung trat.

Wirken Sie an dem Ort, an den Gott Sie gestellt hat. Obwohl Mutter sich in der Großstadt nicht immer heimisch fühlte, hat sie ihrem Mann und ihren Kindern ein gemütliches Heim geschaffen, in dem Gäste willkommen waren. Sie schwelgte nicht in Selbstmitleid, sondern machte aus jeder Lebenslage das Beste.

Helfen Sie Ihrem Nächsten. Mutter hatte ein besonderes Gespür dafür, wer sie gerade am dringendsten brauchte. Für diese Person war sie dann uneingeschränkt und kompromisslos da: für die krebskranke Tochter, die trauernden Familienangehörigen, die seelisch verwundete Verwandte oder den verunglückten Enkel. Für Mutter galt stets: Dein Nächster ist derjenige, der dich gerade am allermeisten benötigt. Diese Einstellung gab ihr Orientierung im Hinblick auf eine sinnvolle Zeiteinteilung. Noch Monate nach ihrem Begräbnis erhielt ich Post von Menschen, denen sie irgendwann einmal geholfen hatte, von denen ich aber nie zuvor etwas gehört hatte!

Betrachten Sie Ihr Leben aus einer globalen Perspektive. Stellen Sie sich vor, Gott blickt von oben auf die Erde und sieht überall gleichzeitig Menschen, die zu ihm beten, sich auf ihn stützen und ihn lieben. Sie sind wichtig in Gottes Augen, aber nicht der Nabel der Welt! Unter diesem Gesichtspunkt müssen Sie die kleinen Unannehmlichkeiten des Alltags nicht so schwernehmen.

Seien Sie jeden Tag dankbar. Auch in wirklich schwierigen Lebensphasen war Mutter nie gänzlich ohne Hoffnung. Sie fand täglich Dinge, für die sie dankbar war. Mit dieser Herzenseinstellung bleibt wenig Raum für Unzufriedenheit.

Sagen Sie dem Neid den Kampf an. Mutter hat sich stets über die Erfolge und Gaben anderer von Herzen mitgefreut, auch dann, wenn ihr selbst diese Dinge verwehrt geblieben sind. Bittere Gedanken über den Erfolg anderer sind der erste Schritt zu einem wirklich unglücklichen Dasein! Viel besser ist es, gleich die ersten neidischen Gedanken zu bekämpfen und Gott dabei um Hilfe zu bitten.

Nutzen Sie den Tag. In späteren Jahren war einer von Mutters Lieblingssätzen: „Ich habe mein Leben gelebt; ich bin zufrieden." Leben Sie Ihr Leben! Jetzt. Nicht in irgendwelchen Zukunftsfantasien. Die Jahre verfliegen schneller, als Sie denken. Nutzen Sie den Tag für die großen und kleinen Aufgaben, die Gott Ihnen für diesen Tag bereitet hat.

Lassen Sie los. Dies war wohl die schwierigste Lektion, die meine Mutter gelernt und auch ihre Kinder gelehrt hat. Viele schmerzvolle Verluste geliebter Menschen – sogar einer Tochter – musste sie im Verlauf ihres Lebens hinnehmen. Abschiednehmen war nicht gerade ihre Stärke, und doch hat sie uns Kinder ins Leben entlassen, auch wenn wir nicht immer die Wege gegangen sind, die sie sich für uns gewünscht hätte. Sie hat ihre Bedenken immer geäußert, auch ihren Schmerz über – in ihren Augen – falsche Wege. Dennoch stand sie bedingungslos hinter uns und unseren Entscheidungen, wenn sie diese nicht beeinflussen konnte. Loslassen schenkt Freiheit – sich selbst und anderen.

Diesen Prinzipien blieb Mutter bis zu ihrem letzten Atemzug treu. „Macht einfach weiter" war ihre Aufforderung an uns, das Leben zu bejahen und so zu leben, dass wir es später nicht bereuen würden. Dafür bin ich ihr von Herzen dankbar, denn es ist für mich die Erlaubnis, trotz großem Schmerz wieder ins Leben zu treten und dort weiterzumachen, wo sie aufgehört hat, um dieses Vermächtnis an die nächste Generation weiterzugeben.

Himmel

Der Himmel hat eine natürliche Schönheit. Hier gibt es einen Fluss und Bäume, die es sonst nirgendwo zu finden gibt:

„Nun zeigte mir der Engel den Fluss, in dem das Wasser des Lebens fließt. Er entspringt am Thron Gottes und des Lammes, und sein Wasser ist so klar wie Kristall. An beiden Ufern des Flusses, der neben der großen Straße der Stadt fließt, wachsen Bäume des Lebens. Sie tragen zwölfmal im Jahr Früchte, jeden Monat aufs Neue. Mit den Blättern dieser Bäume werden die Völker geheilt“ (Offenbarung 22,1–2; Hoffnung für alle).

Wenn Sie den Thron Gottes suchen, müssen Sie nur dem Fluss zur Quelle folgen. Der Fluss entspringt direkt am Thron. Bereits in den Psalmen wird er erwähnt: „Ein breiter, mächtiger Strom belebt die Stadt Gottes, die Wohnung des Höchsten, den heiligen Ort“ (Psalm 46,5; Hoffnung für alle). Im Himmel gibt es nicht nur *einen* Baum des Lebens, sondern viele. Sie wachsen an beiden Ufern des Flusses und tragen jeden Monat Früchte.

Zu den Segnungen, die jeder Himmelsbürger bekommt, gehört auch eine „Rundumerneuerung“. Im Himmel sind alle Menschen gesund, stark und voller Lebenskraft. Im ersten Korintherbrief vergleicht Paulus unseren derzeitigen Körper mit dem Körper, den wir im Himmel haben werden: Wir werden einen Auferstehungskörper bekommen und alle Krankheiten zurücklassen. Wiedererkennbar, aber herrlich. Wir werden immer noch wir selbst sein – aber so viel besser! Der Körper, der begraben wird, ist „unansehnlich und schwach“, doch unser neuer Körper wird

„herrlich und voller Kraft" auferweckt (1. Korinther 15,43; Hoffnung für alle). Und das Erstaunlichste von allem: Er wird so sein wie der Körper von Jesus:

„Jesus Christus [...] *wird unseren unvollkommenen Körper umwandeln und wird ihn seinem eigenen Körper gleichmachen, der Gottes Herrlichkeit widerspiegelt"* (Philipper 3,20–21; Neue Genfer Übersetzung).

Sogar die Kosmetikindustrie bestätigt, dass ein jugendliches Strahlen nicht nur von der Hautoberfläche bestimmt wird. Es muss tief aus unserem Innern kommen, von unseren Einstellungen und Lebensgewohnheiten. In der Bibel steht: „Wir alle aber stehen mit unverhülltem Gesicht vor Gott und spiegeln seine Herrlichkeit wider. Der Herr verändert uns durch seinen Geist, damit wir ihm immer ähnlicher werden und immer mehr Anteil an seiner Herrlichkeit bekommen" (2. Korinther 3,18; Hoffnung für alle). Und: „Wer zum Herrn aufschaut, der strahlt vor Freude" (Psalm 34,6; Hoffnung für alle). Der einfachste Weg, ein schönes Gesicht zu bekommen, ist, auf Gott zu schauen!

KAPITEL 5

„Bis dass der Tod uns scheidet“

Dem Ehepartner Lebewohl sagen

„Bis dass der Tod uns scheidet.“ Viele standen vor Angehörigen und Freunden, als sie ihrem Partner dieses Versprechen gaben. Sie gelobten, einander zu lieben und zu ehren, in guten und in schlechten Zeiten, in Gesundheit und in Krankheit. Natürlich konnten sie sich in diesem Moment kaum vorstellen, wie tief der Abgrund der Trauer einmal für den zurückbleibenden Ehepartner sein würde.

Einen anderen Menschen zu lieben ist eine Art, uns nach Gott auszustrecken. Gegenseitige Liebe stillt unser Bedürfnis nach Bedeutung, Abenteuer und Gemeinschaft mit einem anderen Menschen. Echte Liebe ist ein Wunder – und es ist ein Geschenk, sie zu erleben.

Wenn der besondere Mensch an unserer Seite stirbt, trifft uns das in einer Tiefe, die wir uns nicht hätten

vorstellen können und auf die wir nicht vorbereitet sind.

Auf den folgenden Seiten erzählen Frauen, wie sie sich dem Geheimnis der Liebe hingegeben haben – und wie sie lernten, sich dem Geheimnis der Trauer hinzugeben.

Nein, Ihre Liebe hört nicht plötzlich auf, wenn Ihr Partner stirbt. Und Sie können ihn auch in Zukunft weiterlieben, indem Sie die Erinnerung bewahren, wie er Ihr Herz zum Klingen und Ihre Füße zum Tanzen gebracht hat. Sie werden Geduld brauchen, um nach dem Tod des geliebten Ehepartners das Leben neu zu entdecken. Oder wie C. S. Lewis es ausdrückte: „Verlust ist ein universeller und wesentlicher Teil der Erfahrung der Liebe.“

Plötzlich war alles anders

Andrea Köppinger

Wir waren eine ganz normale Familie: zwei Kinder, eine Katze, ein Häuschen, ein Garten. In einem Ort, in dem viele Menschen einander kennen und das „Dorfgespräch“ noch lebt.

Genau 48 Stunden dauerte es von „kerngesund“ bis „tot“.

48 Stunden – und nichts war mehr wie vorher.

Die Ärzte im Krankenhaus meinten, es hätte vermutlich ein genetischer Defekt vorgelegen. Die Wahrscheinlichkeit dafür ist extrem gering. Aber eine andere Erklärung gibt es nicht.

Witwe mit 35.

Was bedeutet es, auf einmal mit zwei kleinen Kindern alleine dazustehen, wo vorher eine funktionierende Familie war, finanzielle Sicherheit, Aufgabenteilung? Ich fühlte mich, als hätte man mir den Boden unter den Füßen weggezogen. Ich stürzte in einen finsteren Abgrund. Alles, worauf ich mich vorher verlassen und gestützt hatte, war weg. Ich hatte meinen Halt, meine Sicherheit verloren, mein Vertrauen ins Leben. Mein Vertrauen in Gerechtigkeit, mein Vertrauen in die Liebe. Mein Vertrauen in Gott, in einen liebenden, gerechten, gütigen Vater.

Ich stand wie eine Trümmerfrau auf den Ruinen meines Lebens – mein ganzes Leben ein Scherbenhaufen und nur unüberschaubares Chaos.

Ich hatte immer geglaubt, dass Gott mich und meine Familie behüten und beschützen würde. Ich engagierte mich in Kindergarten und Gemeinde, half und unterstützte, wo ich konnte. Und dann das. Mein Glaube, so wie ich ihn kannte, war zerbrochen.

Ich war eine Zeit lang gar nicht mehr in der Lage, ein selbst formuliertes Gebet zu sprechen, geschweige denn voll Inbrunst und Vertrauen zu beten und zu bitten. Ich zürnte und haderte mit Gott. Warum ich? Warum? Ich hatte das Liebste verloren, das es neben meinen Kindern gab.

Irgendwann war es wieder möglich, ein Vaterunser zu sprechen. Lieder zu singen. Aber ein Gebet selbst zu formulieren schaffte ich nicht. Ich war innerlich hohl, leer, ein Stück in mir war gestorben, ein Teil von mir war gegangen, ich fühlte mich nur noch halb. Wie eine Baumkrone, von der die Hälfte weggeschnitten, gewaltsam entfernt worden war.

Wir wollten doch zusammen alt werden, unseren Enkeln beim Spielen zuschauen! Wir hatten so viele Pläne, Wünsche und Ziele für unsere Zukunft!

Ich bekam viel Unterstützung von Freunden und meiner Familie. Menschen waren auf einmal für uns da, von denen ich es nicht erwartet hätte. Es gab immer irgendwo ein Licht, und wenn es auch nur winzig klein war. Eine Hoffnung, dass Gott es gut mit uns meinte. Eine Hoffnung, dass Gott den ganzen Plan sah.

Es gab aber auch Momente, Tage und Stunden, in denen alles nur noch grau und schwarz war. Es gab Momente, immer und immer wieder, in denen ich glaubte, nicht mehr weiterzukönnen. Ich rief, schrie und flehte, Gott möge mich erlösen, mir diese erdrückende Last abnehmen, mich zu sich holen.

Doch es blieb still. Ich bekam keine Antwort.

Immer wieder versuchte ich zu beten und fühlte mich doch so leer und hohl. Ich griff auf alte, vertraute Lieder, Gebete und Texte zurück.

Psalm 91,11–12 half mir (Luther): „Denn er hat seinen Engeln befohlen, dass sie dich behüten auf allen deinen Wegen, dass sie dich auf den Händen tragen und du deinen Fuß nicht an einen Stein stoßest."

Das Vaterunser betete ich, obwohl die Worte für mich keinen Sinn ergaben. Ich ging in die Kirche und fühlte mich oft fehl am Platz.

Es gab ein Lied, das ich aus meiner Jugendgruppenzeit kannte und das mich schon damals sehr bewegt hatte:

Wenn über ungelösten Fragen
mein Herz verzweiflungsvoll erbebt,
an Gottes Liebe will verzagen,
weil sich der Unverstand erhebt,
dann darf ich all mein Sehnen
in Gottes Hände legen,
sacht und leise sprechen unter Tränen,
dass Gott nie einen Fehler macht. [...]
Und müsstest du dein Liebstes missen,
ja, ging's durch kalte, finstre Nacht:
Halt fest an diesem starken Wissen,
dass Gott nie einen Fehler macht.

Ich konnte mich nicht mehr vollständig an den Text erinnern, aber dieses Lied schenkte mir Hoffnung.

Ich war dankbar für kleine Gesten, ein Lächeln, ein liebes Wort, einen verständnisvollen Blick, gemeinsames Trauern, verbundenes Schweigen. Dankbar, die helfende, führende Hand Gottes in meinem Leben zu sehen.

Irgendwann konnte ich mich ihm wieder zuwenden, irgendwann konnte ich mich Jesus wieder anvertrauen.

Ich habe ihn um Verzeihung gebeten, weil mein Glaube so

klein war, dass ich mich von ihm abgewendet und ihm nicht mehr vertraut hatte. Ich habe Gott gebeten, mich und meine Kinder an die Hand zu nehmen und uns zu leiten. Ich habe uns ihm anvertraut, denn das ist die beste Entscheidung.

Auch heute gibt es immer noch Tage, da will ich nicht aufstehen, es ist mir zu viel, ich bin müde, und das Leben erscheint mir sinnlos ohne den Mann an meiner Seite, den ich über alles geliebt habe, was ich noch immer auf veränderte Art und Weise tue. Er wird stets einen Platz in meinem Herzen haben und ein Stück meines Lebens sein. Doch dann stehe ich trotzdem auf und bete: „Herr, hilf mir, nur diese 24 Stunden zu schaffen."

Voller Dankbarkeit blicke ich zurück auf eine wunderschöne Zeit und eine wunderschöne Ehe mit meinem Mann, der ein ganz großartiger, liebevoller und außergewöhnlicher Mensch war und in meinem Herzen noch ist.

Ich bin dankbar für zwei wunderbare Kinder, die Gott uns geschenkt hat.

Und ich bin dankbar für jeden lieben Menschen an meinem Wegesrand, für jedes kleine Licht, für die Hoffnung, dass Gott es gut mit uns meint.

Im Vertrauen darauf, dass Gottes Wille gut ist, bete ich, wie Jesus uns gelehrt hat: „Dein Wille geschehe wie im Himmel so auf Erden" (Matthäus 6,10; Luther).

Wenn wir einen Verlust erlitten haben, ist Trauer Gottes Weg zur Heilung. Eine schmerzlose Trauer existiert nicht und für die Bewältigung von Trauer gibt es keinen einfachen Weg. Deshalb wird auch davon gesprochen, dass ein Mensch, der trauert, „Trauerarbeit" leisten muss. Zur Trauerarbeit gehören verschiedene Schritte oder Phasen:

Den Verlust akzeptieren. Viele Menschen neigen dazu, den Verlust zu leugnen und so zu tun, als wäre er nicht geschehen. Eine Heilung kann erst dann einsetzen, wenn der Verlust akzeptiert wird. Der Versuch, den Anschein aufrechtzuerhalten, es wäre nichts geschehen, wird nur zum Hindernis für Gottes Heilung.

Den Schmerz in sich aufnehmen. Bei sehr tiefem Schmerz versuchen manche Menschen, sich emotional zu isolieren. Sie spalten ihre Trauer von sich ab und sprechen darüber, als handle es sich um etwas, das zu einem anderen Ort oder zu einer anderen Person gehört. Leider verstehen wir manchmal Leugnung oder Abspaltung falsch und meinen irrtümlich, Gott hätte ein Heilungswunder vollbracht. Aber wenn ein Betroffener nicht mit dem Schmerz in Berührung kommt und Gott ihn nicht von innen heraus heilen kann, wird es unweigerlich zu schweren Folgeerscheinungen kommen.

Eine gesunde Art des Trauerns ist es, von dem geliebten Menschen zu erzählen – einem anderen Menschen oder dem Tagebuch. Erzählen Sie die Geschichte, die Sie miteinander haben. Finden Sie Worte für Ihre Gefühle. Geben Sie Ihrer Trauer eine Stimme!

Auf Bitterkeit verzichten. Nach einer Verlusterfahrung haben viele Menschen mit Bitterkeit gegenüber der Person zu kämpfen, der sie die Schuld an diesem Ereignis geben. Wenn Menschen 10 oder 15 Jahre nach dem Verlust noch immer mit Zorn und Bitterkeit kämpfen, sind sie in dieser Phase stecken geblieben. Sie haben an diesem Punkt ihre Trauerarbeit abgebrochen und keine Heilung erfahren.

Der alttestamentliche Prophet Jona war ein beeindruckender Prediger. Aber er mochte die Nichtjuden nicht und war richtig wütend, als Gott ihn nach Ninive schickte, um die Bewohner der Stadt dazu aufzufordern, ihr Leben zu ändern. Als er schließlich –

über Umwege – doch noch nach Ninive gelangte und eine großartige Predigt hielt, kehrte die ganze Stadt zu Gott um. Doch statt für Gottes Barmherzigkeit gegenüber diesen Menschen dankbar zu sein, ärgerte Jona sich so sehr, dass er sich unter einen Strauch setzte und sterben wollte. Seine Bitterkeit führte zu einer Depression, die in Selbstmordgedanken gipfelte (Jona 1–4).

Inneren Frieden bewahren. Ein Mensch hat seine Trauerarbeit bewältigt, wenn er über den Grund seiner Trauer reden kann, ohne von heftigen Gefühlen übermannt zu werden. Die Heilung schreitet voran, wenn er feststellt, dass ein beständiger Friede in ihm wächst. Das Thema wird nicht zwanghaft gemieden. Wenn jemand es vermeidet, über die Ursache seiner Trauer zu sprechen, ist dies ein Zeichen dafür, dass er die zugrunde liegenden, schmerzhaften Gefühle nicht angemessen bewältigt hat.

Wenn Sie Ihre Tränen von vornherein unterdrücken, könnte es sein, dass Sie Ihren Verlust leugnen. Aber wenn Sie die nötigen Tränen zugelassen und den Schmerz wirklich in sich aufgenommen haben, werden Sie schließlich an den Punkt kommen, an dem Sie über das Thema sprechen können, ohne von Gefühlen und Tränen überwältigt zu werden. Dann wissen Sie, dass Sie sich dem Ende Ihrer Trauerarbeit nähern. Ein innerer Friede stellt sich ein und er ist von Dauer.

Wenn Sie sich einsam fühlen oder depressiv, bezweifeln Sie vielleicht, dass das Leben noch irgendetwas Gutes für Sie bereithält. Solche Emotionen gehören zum Trauerprozess und sind völlig normal, während Sie die Phasen der Trauer durchlaufen. Sie bewältigen die Trauer, indem Sie beten und die Gefühle in Ihrem Inneren herauslassen. Schütten Sie Ihr Herz in Gottes Gegenwart aus, bis Sie im Laufe der Zeit wirklich spüren, dass Sie die Sache „durchgebetet" haben. Dann werden Sie feststellen, wie sich ein beständiger Frieden in Ihnen ausbreitet.

Sich auf die Zukunft einstellen. Verlust und Trauer bedeuten einen tiefen Einschnitt im Leben eines Menschen. Die Dinge werden nie wieder so sein, wie sie einmal waren, aber es werden wieder gute Tage kommen. Wenn Sie an Ihr bisheriges Leben denken, können Sie im Rückblick eine Reihe emotionaler Todes- und Auferstehungserfahrungen erkennen. Gott lässt uns nie im Grab liegen. Wenn ein Kapitel unseres Lebens zu Ende ist, öffnet er ein spannendes neues. In der Übergangszeit fühlen wir uns ein wenig unbeholfen, aber seine Liebe und Gnade helfen uns bei der Umstellung.

Wenn wir glauben, dass unsere Trauer ein Gericht Gottes ist – eine Strafe für etwas, das wir getan haben –, dann wird dies die Heilung unseres Verlusts erschweren. Aber wenn wir erkennen, dass Gott in unserer Trauer bei uns ist, unseren Kummer teilt, mit uns leidet und uns Gnade schenkt, werden wir daraus die Hoffnung schöpfen, dass es jenseits von Schmerz und Trauer eine bessere Zukunft gibt.

Ich habe meinen Mann verloren

… aber nie den Mut weiterzumachen

Marion Klug

Immer auf der Suche nach Abenteuern, neuem Hochgefühl, tollen Männern – so sah mein Leben mit 21 aus. Tagsüber kleidete ich mich edel und klassisch und arbeitete in meinem Aushilfsjob bei einer Bank. An den Wochenenden zog ich kiffend und koksend durch das Wiesbadener Nachtleben. Ein Doppelleben, in dem ich mich selbst nicht wohlfühlte.

Als ich eines Tages mit meinem Chef ins Gespräch kam, erfuhr ich, dass er an Gott glaubte und die Bibel als Richtschnur für sein Leben nahm. Seine Ausstrahlung, seine freundliche Art und seine Ansichten beeindruckten mich. Mit der Zeit fieberte ich jedem Gespräch entgegen, in dem er mir von dem Gott der Bibel und dessen Liebe zu uns Menschen erzählte. In meinem Kopf und Herzen kreiste nur ein Thema: Gott! Beim Lesen des Lukasevangeliums geschah dann der große Durchbruch: Ich glaubte! Von nun an würde dieser Glaube mein Leben bestimmen. Ganze eineinhalb Jahre lang musste ich beim Beten immer weinen, weil mein Herz so verletzt war von der Zeit, in der ich ohne Gott gelebt hatte. Aber nun war ich ein neuer Mensch – bereit für das Abenteuer, Gott nachzufolgen.

Ich begann eine Ausbildung an einer Bibelschule. In dieser Zeit fing ich an, für Alexander zu beten, einen jungen Mann, der in Wiesbaden zu meinen engeren Freunden gehört hatte. Früher war unser Freundeskreis oft durch Kneipen, Bars und Diskotheken gezogen. Wir hatten so eine Sehnsucht nach Leben gehabt und waren doch leer geblieben. Gleichzeitig betete ich immer dringlicher darum, dass Gott mir einen Partner schenkte.

Zunächst wurde jedoch mein erstes Gebet erhört: Alexander kam zum Glauben! Ich dankte Gott aus vollem Herzen. Konnte er jetzt nicht noch ein Wunder tun und schenken, dass ein Mann sich in mich verliebte?

~

Dann geschah ein neues Wunder: Alexander begann, um mich zu werben. Innerhalb kurzer Zeit verlobten wir uns und heirateten. Nichts hätte mich glücklicher machen können – nun noch ein paar Kinder, mit meiner Familie leben und alt werden und dann irgendwann sterben und im Himmel sein!

Eineinhalb Jahre später kam unser erstes Kind, ein Mädchen, auf die Welt. Ich hörte auf, in der Gemeinde zu arbeiten, und genoss die Zeit mit meiner Familie. Alexander brach sein Wirtschaftsstudium ab und baute sich eine Hausverwaltung auf. Ich fühlte mich wie das geküsste Dornröschen, das mit Prinz und Prinzesschen glücklich bis ans Ende seiner Tage lebt …

Sechzehn Monate später bekamen wir einen Sohn. Nach seiner Geburt war ich gleichermaßen glücklich wie fertig. Alexanders Firma wuchs immer mehr und mit ihr der Druck auf ihn und unsere Familie. Er arbeitete viel und flüchtete sich vor uns geräuschvollen dreien gerne ins Büro. Da es im gleichen Haus war, verwischten sich öfter die Grenzen zum Privatleben. Den Satz „Ich geh mal eben schnell noch hoch …" begann ich zu hassen. Der Horizont, in den ich jetzt blickte, erschien mir nicht mehr so toll, obwohl ich ihn von Herzen wollte: Mann und Kinder, Haus und Heim. Ich spürte, dass Dankbarkeit echtem Glück immer vorangeht.

Nach einiger Zeit wünschten wir uns ein drittes Kind und bald wurde ich schwanger. Die Firma expandierte und auf allem lag Gelingen und Gedeihen. Auf der anderen Seite spürte ich, dass unser Familienglück heftig umkämpft war. Alexander und ich fühlten uns oft überfordert und erwarteten vom anderen Hilfe. Kam sie nicht, waren wir sauer und enttäuscht.

Wie kostbar waren da die Zeiten, in denen ich mit Alexander redete, in denen wir zusammen beteten und uns gegenseitig Vergebung zusprechen konnten. Welches Vorrecht, im anderen ein Geschenk Gottes zu sehen – einander anvertraut zum Genießen und Ertragen. Es waren Momente, in denen ich zutiefst dankbar war und spürte, dass Gott mit uns war und uns segnete.

Zu meinem 41. Geburtstag bekam ich ein Verwöhnwochenende zu zweit geschenkt. Da wir mit Arbeit vollgepackt waren, hatten weder Alexander noch ich richtig Lust hinzufahren. Doch wir fuhren! Und auf einmal umwehte uns eine Atmosphäre des Abenteuers – so wie früher, nur dass unser Leben erneuert, sicher, sauber und in Liebe miteinander verbunden war. Wie ein junges Liebespaar erzählten wir uns von unseren Gedanken, Gefühlen, Sehnsüchten und Träumen. So schön das war, so luxuriös das Ambiente – unser Glück lag nicht in unserer Liebe, sondern in dem, was die Liebe Gottes in unserem Leben geschenkt und wachsen gelassen hatte.

Wieder im Alltag angekommen, arbeiteten und kämpften wir uns verbissen durch unsere Aufgaben. An einem Freitagabend kehrte Alexander von einem Einkauf in der Stadt zurück. Nachdem er die Kinder begrüßt hatte, kam er zu mir und nahm mich zärtlich in die Arme. Da ich gerade auf dem Weg in die Badewanne war, setzte er sich auf den Rand, um noch ein bisschen zu plaudern. Während ich im heißen Wasser entspannte, hörte sein Herz plötzlich auf zu schlagen. Er sank einfach in meine Arme. Ich versicherte ihm, dass Jesus ihn erlöst hatte und er keine Angst zu haben brauchte. „Ich liebe dich!", rief ich, dann hörte er auf zu atmen.

Als der Krankenwagen ihn mitnahm, wusste ich nicht, ob er leben oder sterben würde. Unsere Freunde brachten mich zu ihm, doch er war schon tot. An seinem Bett kam mir auf einmal ein altes Kirchenlied in den Sinn: „Welch Glück ist's, erlöst zu sein!" Ich sang ohne Stimme.

Es war der schwerste Moment meines Lebens, als ich den Kindern sagen musste: „Papa ist tot. Sein Herz hat aufgehört zu schlagen. Er ist bei Jesus."

Ja, mein Prinz war im Himmel. Die Grenzen hatten sich verwischt, die Ewigkeit war in unsere Familie hereingebrochen. Wie gut, dass Himmel und Ewigkeit, Tod und Leben,

Herrlichkeit und Segen bekannte Begriffe für uns waren. So gab es keine Zusammenbrüche, keine Schrei- oder Weinkrämpfe, nur tiefe Trauer.

Obwohl meine Eltern mir Tag und Nacht halfen und beistanden, spürte ich, dass die Kraft von Gott selbst kam. Am Tag der Beerdigung empfand ich trotz meiner Aufregung dieselbe Gnade, die mich am Tag der Hochzeit so glücklich gemacht hatte.

Schlimm waren vor allem die geschäftlichen Veränderungen für mich. Wieder ein neuer Horizont – einen, den ich mir freiwillig nie ausgesucht hätte. Gespräche mit dem Steuerberater und dem Anwalt meines Mannes brachten eine weitere Herausforderung: Ich sollte darüber nachdenken, die Hausverwaltung weiterzuführen. Gemeinsam mit unseren Freunden, mit denen Alexander zusammengearbeitet hatte und die als Einzige den Überblick über alles hatten, gründete ich eine neue Firma.

Gott hat uns nicht versprochen, dass wir reich und gesund sind, dass wir nicht verlassen werden, dass unseren Kindern nichts geschieht – aber er hat uns versprochen, dass uns nichts aus seiner Hand reißen und von seiner Liebe trennen kann. Als ich noch ledig war, hat die Angst oft versucht, mir vorzulügen: „Du wirst nicht glücklich.“ Gelogen! Mein Glück ist Jesus. Als ich verheiratet war, hat die Angst geflüstert: „Das schafft ihr nicht, es ist zu schwer.“ Gelogen! Jesus steht uns bei. Als Alexander starb, meldete sich die Angst wieder: „Vorbei, das werdet ihr nie verwinden.“ Gelogen! Alle Dinge müssen denen, die Gott lieben, zum Besten dienen. Als ich Witwe wurde, versuchte mir die Angst einzureden: „Es wird schwer und schrecklich.“ Gelogen! Gott ist mein Licht und mein Heil. Vor wem sollte ich mich fürchten?

Einige Zeit nach Alexanders Tod fragte mich ein Freund: „Und, wie geht es dir?“ Ich entgegnete: „Mal so, mal so.“ Er hakte nach: „Was überwiegt?“ Ich konnte ehrlich sagen: „Es überwiegen Glück und Segen, oft unter Tränen.“ Wie gut, dass mein Glück nicht von einem erfolgreichen Mann, einem schicken Auto oder hübschen Kindern abhängt. Mein Glück – unser Glück – ist es, zu Gott zu gehören. Die Leiden dieser Zeit wiegen leicht, verglichen mit der Herrlichkeit, die Gott schenkt.

Wir müssen als verkleinerte Familie weiterleben, denn einer von uns ist schon im Himmel. Doch in mir sind keine Angst, keine Bitterkeit, keine Verzweiflung. Trotz all der Schwierigkeiten, Kämpfe und Dunkelheit, die ich durchgemacht habe, kann ich sagen: „Mir geht es gut!“

Zeit zum Trauern nehmen

Trauern ist schwer und es tut weh. Wenn wir jemanden lieben und mit ihm verbunden sind, werden wir ihn vermissen, wenn er nicht mehr da ist. Der Verlust fühlt sich an, als würde ein Stück von uns selbst mitsterben. Ein Stück unseres Herzens gehörte ja zu ihm. Dieser Schmerz hört nicht einfach auf, wenn ein Trauerjahr vorbei ist. Denn der Mensch, den wir liebten, fehlt nach dieser Zeit immer noch. Was kann uns helfen, von einer geliebten Person Abschied zu nehmen?

Ein Problem in unserer Kultur ist, dass sie uns vorschreibt, uns nach außen hin immer im Griff zu haben. Weinende und klagende Menschen lösen bei anderen oft Unbehagen und allenfalls Mitleid aus, aber selten wirkliches Mitgefühl.

In biblischen Zeiten gab es eine bestimmte „Berufsgruppe“, die in Aktion trat, wenn jemand gestorben war. Diese Frauen nannte man Klageweiber. Sie weinten mit dem Menschen, der einen Toten beklagte. Sie jammerten und schluchzten laut und holten bei dem Betroffenen den ganzen Schmerz aus seiner Seele. Sie wurden quasi zur Stimme des Leidenden. Mehrere Tage oder sogar Wochen waren diese Frauen im Haus und halfen auf diese Weise bei der Trauerverarbeitung. In unserer Kultur zieht sich die Trauerarbeit deshalb so lange hin, weil wir keine Plattform zum Trauern haben. Es wird erwartet, dass wir mit dem Leid weitgehend allein fertigwerden. Die Seele, also die emotionale Seite unseres Menschseins, will dem Verlust aber Ausdruck verleihen und sich mitteilen.

Manchen Frauen hilft es, sich täglich eine bestimmte Zeit für Tränen zu nehmen. Sie machen sich dabei bewusst, dass Jesus bei ihnen ist und sie in seinen Armen hält. Gleichzeitig formulieren sie alles, was sie vermissen und was sie bedrückt, so konkret wie möglich. Das wirkt sich heilsam auf die Seele aus. Eine solche Zeit zum Weinen sollte allerdings begrenzt sein und nicht stundenlang andauern. Es ist gut, bald wieder aufzustehen und sich das Gesicht zu waschen.

Nach dem Weinen hilft es, Gott im Gebet allen Kummer anzuvertrauen, ihn zu bitten, uns im Schmerz zu begegnen, und seinen Trost anzunehmen. Jesus hat gesagt, er lässt uns nicht als Waisen zurück, sondern sendet uns den Tröster (Johannes 14,16–18).

Außerdem lehrt Gottes Wort, dass wir unser Flehen „mit Danksagung" vor Gott bringen sollen (Philipper 4,6). Deshalb können selbst Trauernde Gott für all das Gute danken, das durch den Ehepartner in ihr Leben kam. Sie können über einzelne Erlebnisse nachdenken und die Freude darüber nachklingen lassen. Falls dabei wieder Tränen kommen, sind es oft Tränen der Dankbarkeit.

Nach der Zeit der Trauer und Erinnerung, des Betens und des Dankens ist es gut, sich wieder dem Alltag und einer bestimmten Aufgabe zuzuwenden. Wie wäre es zum Beispiel, jemand anderem eine kleine Freude zu bereiten? Das tut oft auch der eigenen Seele gut!

In der Nacht gewinnen schwere Gedanken mehr Raum. Am Tag sind trauernde Menschen eher abgelenkt; im Dunkeln sehen sie dagegen mehr Dunkles. In der Nacht fehlt die Nähe des vertrauten Menschen besonders: sein Atmen, sein „Gute-Nacht-Sagen", das gemeinsame Gebet. Die Stille macht das Alleinsein noch stärker bewusst.

Möglicherweise hat die trauernde Person Intimität nie vermisst, als der Partner noch lebte. Da gehörte sie einfach dazu. Sie war gestillt. Jetzt, da er gestorben ist, verlangt der Körper nach Gemeinschaft, und diese Sehnsucht nach Nähe vergrößert den Schmerz. Für manche Frauen ist es befremdend, wenn sie sexuelle Gefühle entwickeln, die sie zuvor so nicht kannten. Aber das ist nichts Erschreckendes, sondern normal: Schließlich gleicht ihr Leben nach dem Verlust des geliebten Partners einem leeren Haus, wie C. S. Lewis es ausdrückte, und sie merken schmerzlich, dass es nicht mehr bewohnt ist.

Trauernde Menschen hören von anderen oft, dass sie „loslassen" müssen. Im Prinzip ist das richtig. Aber was ist mit „loslassen" gemeint? Den Ehepartner vergessen? Das erscheint natürlich unmöglich! Vielmehr bedeutet loslassen, immer wieder dankbar Rückschau zu halten und dabei zu akzeptieren, dass diese Zeit vorbei ist. Und dann nach vorne zu schauen und zu überlegen: „Wie kann ich meine verbleibende Lebenszeit füllen?" Und immer wieder Gott zu bitten: „Öffne mir die Augen für die Aufgaben, die du für mich bereithältst!" Mit seiner Hilfe beginnt ein neues Leben, ein neuer Tag bricht an.

In der Trauerzeit bringt die Seele zum Ausdruck, dass sie nur den als Partner akzeptiert, den sie verloren hat. Doch die Sehnsucht nach Nähe zeigt, dass wir auf Gemeinschaft hin angelegt sind. Das bedeutet: Es gibt viele Menschen, die unter dem Verlust des Partners und unter dem Alleinsein leiden. Ein neuer Partner würde niemals den ersten ersetzen können, und das soll er auch nicht. Aber es kann geschehen, dass zwei Menschen, die beide einen Verlust erlitten haben, nochmals miteinander froh werden, indem sie den Schmerz teilen und einander Gutes tun. Da ist noch so viel Liebe und Hingabefähigkeit! Darum lohnt es sich, Gott zu bitten, uns den Weg zu zeigen, den wir gehen sollen.

Und schließlich ist es wichtig, im Leid nicht allein zu bleiben, sondern Kontakt zu anderen zu suchen, die auch einen geliebten Menschen verloren haben. Wer Mitgefühl zeigt, verschenkt Gutes und Heilsames – auch an sich selbst. Denn er spürt, wie dankbar der Trost angenommen wird, weil er aus einem verstehenden Herzen kommt.

„Herr Jesus, ich will deinen Trost annehmen.

Danke für die Zeit, die du mir mit meinem geliebten Mann geschenkt hast.

Ich will dir vertrauen, dass du mir zeigst, wie ich mein Leben nach diesem Verlust neu füllen kann.

Hilf mir, nach vorne zu schauen!

Zeig mir, was du noch mit mir vorhast!“

Ruth Heil

Das erste Fest ohne dich

Auch wenn dein Stuhl leer ist –
du hast einen Platz in meinem Herzen

Britta Laubvogel

Ich sitze am Esstisch und gehe alles noch einmal in Gedanken durch: Markus besorgt den Tannenbaum, stellt ihn auf und schmückt ihn dann mit Lena. Kugeln, Lichterkette, Holzfiguren – alles liegt bereit! Für das Essen am ersten Feiertag fehlt nur noch der Feldsalat und für den Nachtisch brauche ich noch gefrorene Himbeeren. Getränke sind alle da … Ja, es kann Weihnachten werden! Doch plötzlich reißt meine Tochter Sarah mich aus meinen Gedanken: „Es ist so anders", sagt sie. „Ich weiß gar nicht, was ich machen soll. Es fehlt etwas. Sonst haben wir immer noch etwas geprobt oder für den Gottesdienst vorbereitet." Sie hat recht. Seit dem Tod meines Mannes fehlt so vieles. Wie sollen wir dieses erste Weihnachtsfest ohne ihn feiern?

Meine Tochter spricht das aus, was mir so schwer auf der Seele liegt. Ja, es ist alles anders. So viele Jahre haben wir als Familie Weihnachten im Pfarrhaus gefeiert. Gerade diese besonderen Gottesdienste hat mein Mann, Pfarrer einer evangelischen Kirche in Hessen, immer mit viel Liebe und Kreativität vorbereitet. Die Kinder waren oft eingebunden im Krippenspiel für den Familiengottesdienst oder durch die musikalische Gestaltung der Christmette. Da wurde geprobt, in letzter Minute noch ein Text gelernt, Kostüme zusammengestellt … Die Gottesdienste waren das Herzstück der Festtage. Darauf haben wir uns immer eingestellt, auch wenn es den Kindern manchmal schwerfiel. Wie oft haben sie auf ihren Papa gewartet, damit endlich die Bescherung beginnen konnte?

Aber heute ist alles anders. Mein Mann starb nach nur kurzer, schwerer Krankheit. Und dies ist nun unser erstes Weihnachten ohne ihn. Ein Weihnachten ohne das Leben im Pfarrhaus. Das fühlt sich für uns alle fremd an. *Dein Platz ist leer*, denke ich, und mir kommen Zweifel: Ist es überhaupt möglich, jemals wieder zu feiern?

Meine Gedanken wandern zurück zum Weihnachtsfest vor einem Jahr. Wir feierten gemeinsam, Matthias schwerkrank in unserer Mitte. Die Kinder gestalteten den Gottesdienst am

Heiligen Abend: Markus, unser Schwiegersohn, übernahm als Theologiestudent die Predigt, und die Töchter sangen wunderschöne Weihnachtslieder. „Ich muss mich auf diesen Gottesdienst richtig vorbereiten", sagte Matthias zu mir. Wir gingen beide ein wenig abseits. „Du leihst den Kindern die Kirche und sie leihen dir ihre Stimmen", versuchte ich, ihn ein wenig zu ermutigen auf diesem schweren Gang.

Unvergesslich bleibt mir dieser Gottesdienst. Wenn ich heute daran zurückdenke, bin ich tief berührt und auch dankbar für dieses gemeinsame Fest. Es ist mir, als hätte es uns gesagt: „Feiert weiter Weihnachten – die Geburt unseres Heilandes", indem es uns die „Erlaubnis" dazu gab. Ganz leer kann das Fest niemals sein – die Erinnerung geht mit uns.

Wenn wir auch weit von einer unbeschwerten Festfreude entfernt sind, so können wir dennoch wieder Feste feiern.

Im Grunde gab mein Mann uns mit seiner Haltung angesichts seiner schweren Krebserkrankung ein großes Geschenk. Erst nach und nach begreife ich das und packe es für mich aus: „Feiert das Leben! Es ist kostbar." Langsam reift der Gedanke in mir, dass sich hierin ein tiefes Geheimnis unseres christlichen Glaubens ausdrückt. Trotz allen Leides und in allem Schmerz dürfen wir feiern, ohne dabei die schweren Erfahrungen zu verleugnen. Sie nehmen dem Fest nicht die Festfreude, sondern verleihen ihm unter Umständen sogar eine neue Tiefe.

Was mache ich nun mit dem leeren Platz? Mir fallen Worte von Dietrich Bonhoeffer ein, die er am Heiligen Abend 1943 aus der Gefängniszelle schrieb:

„Zunächst gibt es nichts, was uns die Abwesenheit eines lieben Menschen ersetzen kann, und man soll das auch gar nicht versuchen. Man muss es einfach aushalten und durchhalten; das klingt zunächst sehr hart, aber es ist doch zugleich ein großer Trost; denn indem die Lücke wirklich unausgefüllt bleibt, bleibt

man durch sie miteinander verbunden. Es ist verkehrt, wenn man sagt, Gott füllt die Lücke aus, er füllt sie gar nicht aus, sondern er hält sie vielmehr gerade unausgefüllt und hilft uns dadurch, unsere echte Gemeinschaft miteinander – wenn auch unter Schmerzen – zu bewahren" (Brief an Renate und Eberhard Bethge, Gefängnis Berlin-Tegel, Heiligabend 1943).

Diesen Worten kann ich zutiefst zustimmen. Der Platz lässt sich durch nichts besetzen. Gerade darin liegt Trost. Und doch merke ich eine Wandlung. Ich sehe nicht mehr nur den leeren Stuhl, nein, so nach und nach merke ich: *Du hast einen Platz in meinem Herzen. Du bist mir zum Wegbegleiter geworden, und das auch auf unseren Festen.*

Inzwischen haben wir viele Familienfeiern gemeinsam gefeiert: die Hochzeit unserer zweiten Tochter, die goldene Hochzeit meiner Eltern, die Hochzeit meines Bruders, runde Geburtstage, die Geburt der ersten Enkeltochter, die Schulabschlüsse …

Immer sitzt der Schmerz mit am Tisch, und doch spüren wir auch die Liebe und Freude, die uns zusammenhalten. Wir erzählen uns – besonders die Kinder –, an welche Begebenheiten wir uns erinnern, und lachen gemeinsam herzlich.

„Ja, es kann doch Weihnachten werden. Wir zünden eine Kerze unter deinem Bild an. Auch wenn dein Stuhl leer bleibt – du hast einen festen Platz in unseren Herzen."

Gott gibt uns Erinnerungen, damit wir Rosen im Winter haben

Es ist bereits Ende Februar und noch einmal Winter geworden. Er kam gestern mit heftigem Schneetreiben zu uns zurück. Die Landschaft ist wieder in ein weißes Kleid gehüllt und durch die Sonnenstrahlen glitzert es bunt auf.

Ich ging heute Nachmittag die altvertrauten Wege, die ich in den vergangenen Jahrzehnten so oft mit meinem Mann gelaufen bin. Da kamen so viele Erinnerungen an die gemeinsamen schönen Erlebnisse, etwa wie wir miteinander auf den kleinen steilen Hängen Ski fuhren.

Einmal beobachteten wir auf den hohen Bäumen im Wiesengrund Hunderte von größeren hübschen Vögeln. Wir glaubten, es waren Seidenschwänze. Es war ein seltenes Schauspiel für uns, wie sie in Schwärmen hin und her flogen. Sie waren sicher auf der Durchreise. Dieses besondere Erlebnis blieb mir eindrücklich in Erinnerung.

Beim Spazierengehen dachte ich an das vergangene Glück und mir wurde recht wehmütig ums Herz. Doch plötzlich war es in meinem Innern, als flüsterte Gott mir zu: „Willst du bei dem vergangenen Glück stehen bleiben oder willst du neues Glück erfahren? Sieh dich um, was du alles schauen darfst!“

Ich blickte mich um und sah die schneebedeckten Wiesen, die kahlen Zweige der verschiedensten Bäume vor dem blauen Himmel, durch die die Sonne hindurchstrahlte. Ich hörte zaghaften Vogelgesang, sah die drei großen Dorfteiche, die zugefroren waren. Auf einem tippelten mehrere Enten um ein Wasserloch. In einem Baumwipfel saß ein Falke und rührte sich nicht. So sah ich die hübsche Maserung seines Federkleides ganz nah. Ich hörte das Dahinplätschern des Baches und das leise Wispern der vertrockneten Blätter im Wind. Am Gartenrand, wo die Sonne den Schnee schon weggeschmolzen hatte, blühten ganz verschüchtert kleine Gänseblümchen.

Auf einmal wurde ich sehr dankbar dafür, dass ich das alles hautnah erleben durfte. Im Gegensatz zu Menschen, die für kurze oder längere Zeit im Zimmer bleiben oder sogar im Bett liegen mussten, konnte ich das alles sehen und ihnen davon erzählen. Dieses neue Glück wurde mir zum Trost. Eine Bibelstelle kam mir in den Sinn: „Vorbei ist die Leidenszeit der Einwohner Jerusalems! Sie streuen sich nicht mehr voller Verzweiflung Asche auf den Kopf, sondern schmücken sich mit einem Turban. Statt der Trauergewänder gebe ich ihnen duftendes Öl, das sie erfreut. Ihre Mutlosigkeit will ich in Jubel verwandeln, der sie schmückt wie ein Festkleid. Wer sie dann sieht, vergleicht sie mit Bäumen, die der Herr gepflanzt hat. Man wird sie ‚Garten des Herrn‘ nennen, an dem er seine Größe und Macht zeigt“ (Jesaja 61,3; Hoffnung für alle). Das hat Gott für mich getan und dafür danke ich ihm!

Christa Schellmann

• •

Räumen Sie dem Schock und dem „Nicht-wahrhaben-Wollen“ angemessen viel Zeit ein. Lassen Sie sich von anderen nicht unter Druck setzen, dieses Stadium schnell hinter sich zu lassen.

Gestehen Sie sich ein, dass der Verlust tatsächlich passiert ist. Die Annahme des Verlusts hilft Ihnen, dem noch ganz frischen Schmerz zu begegnen und sich mit ihm zu befassen.

Lassen Sie den Schmerz des Verlusts zu. Verschließen Sie sich nicht dem Trauern. Reden und weinen Sie mit Menschen, die Sie nicht verurteilen wegen bestimmter Gefühle, Gedanken und Verhaltensweisen während des Trauerprozesses.

Bewahren Sie geistliche Disziplin, wenn irgend möglich. Beten Sie allein und mit anderen zusammen. Lesen Sie Gottes Wort. Nehmen Sie sobald wie möglich wieder an Gottesdiensten teil.

Vergeben Sie sich selbst und dem Verstorbenen. Es ist wichtig, dass Sie dem Verstorbenen jede reale oder empfundene Kränkung und Beleidigung vergeben. Haben Sie sich selbst der Kränkung,

Beleidigung oder Vernachlässigung schuldig gemacht, bitten Sie Gott um Vergebung und vergeben Sie dann sich selbst.

Lassen Sie die Beziehung, so wie sie einmal war, los. Bauen Sie durch Erinnerungen eine neue Art der Beziehung zu dem Verstorbenen auf. Das Zulassen von Erinnerungen sowie das Blättern in Fotoalben können helfen.

Stellen Sie sich allmählich auf die veränderte Umgebung und ein neues Leben nach der verloren gegangenen Beziehung ein. Das Leben verändert sich durch den Tod eines Ehepartners, Kindes oder Elternteils drastisch. Die Realität verlangt von Ihnen, sich klarzumachen, dass das Leben nie wieder so sein wird, wie es mit der geliebten Person war.

Öffnen Sie sich für das neue Leben ohne den geliebten Menschen. Wenn Sie die Vergangenheit mit dem Verstorbenen bewusst loslassen, wird es Ihnen leichter fallen, die Zukunft ohne ihn anzunehmen. Hinterbliebene müssen sich die Erlaubnis geben, ohne den Verstorbenen weiterzuleben.

Integrieren Sie die Verlusterfahrung in Ihr Leben, indem Sie Gott gestatten, diese Erfahrung zu seiner Ehre zu gebrauchen und Sie dabei zu verändern. Der Verlust eines lieben Menschen bringt sowohl Schmerz als auch Veränderung mit sich. Wir können verbittert sein oder aber als gereifte Menschen aus dieser Erfahrung hervorgehen. Gottes Absichten mit uns in einer solchen Situation sind: 1. unseren Glauben an ihn zu stärken, 2. uns seinem Sohn ähnlicher zu machen, 3. das Leben bedeutungsvoller werden zu lassen, 4. uns eine größere Dankbarkeit für die Hoffnung zu schenken, die wir in Christus haben (Römer 5,3–4). Der Trauernde kann nach einem Winter des Leides in den herrlichen Frühling eines Lebens, das von Hoffnung erfüllt ist, hineinkommen.

Gehen Sie während des Trauerprozesses pfleglich mit sich um. Bitten Sie andere um Unterstützung. Essen Sie gut. Nehmen Sie, wenn nötig, professionelle und ärztliche Hilfe in Anspruch. Achten Sie auf genügend Schlaf und Bewegung. Treffen Sie größere Entscheidungen nicht zu früh.

Eines Tages ist es Zeit, wieder in die menschliche Gesellschaft zurückzukehren. Nehmen Sie bewusst Kontakt zu anderen auf und pflegen Sie vorhandene Kontakte.

Nehmen Sie die Hoffnung an, die wir in Christus haben. Denken Sie daran: „Die Nacht ist noch voll Weinen, doch mit dem Morgen kommt die Freude“ (Psalm 30,6; Neues Leben).

Trauernde trösten

Barbara Baumgardner

Innerlich zerbrochen – wie ein vom Blitz getroffener Baum – stand Bernd vor mir. In den tiefen Falten seines Gesichts zeichnete sich unermesslicher Schmerz ab. Er versuchte, mir zu erklären, dass er sein Möglichstes getan habe, um meinen Mann wiederzubeleben.

Vergebens. „Es tut mir leid, Barbara“, sagte Bernd immer wieder. „Es tut mir so schrecklich leid.“ Dieser Tag veränderte mein Leben komplett. Ich war eine in sich ruhende Ehefrau mittleren Alters gewesen. Nun wurde ich schlagartig zu einer fassungslosen Witwe, die völlig unvorbereitet in ihren neuen Stand stolperte. Ich hatte keinerlei Erfahrung mit dieser Rolle.

Genauso unqualifiziert waren viele, die kamen, um mir Trost und Hilfe anzubieten, während ich durch das Tal der Trauer ging. Dennoch stützten und stärkten sie mich.

Freunde wie Robert und Doris blieben einfach bei mir, während ich die traurigen Anrufe bei meinen drei Töchtern machte. Sie fuhren mich zum Haus meiner Schwägerin, damit ich ihr die Nachricht im persönlichen Gespräch schonend beibringen konnte. Als mein Pastor und seine Frau später am Abend kamen, ließen Robert und Doris mich mit ihnen allein, damit ich Fragen stellen und mich ausweinen konnte.

Kurz darauf kam meine Freundin Susanna und schenkte mir durch ihre liebevolle Gegenwart die Gewissheit, dass ich mit meinem Schmerz nicht allein war. Sie wusch das Geschirr ab, kochte eine frische Kanne Kaffee und nahm das Telefon ab, bis eine meiner Töchter am späten Abend kam.

Bis zum heutigen Tag bin ich dankbar, dass so viele Menschen da waren, die ein Gespür dafür hatten, was ich gerade brauchte.

Viele, die einem Trauernden gerne helfen würden, wissen leider nicht, wie sie es anfangen sollen. Sie bringen mit Tränen in den Augen einen Topf mit Essen und verschwinden schleunigst wieder, weil sie Angst haben, die Privatsphäre zu verletzen. Doch einige überwanden die Furcht, mich in meinem Kummer zu stören. Sie zeigten mir ihre Liebe und Anteilnahme und waren einfach bei mir. Dafür bin ich unendlich dankbar!

Durch meine Erfahrungen mit persönlichem Verlust und im Umgang mit trauernden Freunden, die ich unterstützend begleiten durfte, habe ich zehn Möglichkeiten entdeckt, wie man einem Menschen in Trauer echte Freundschaft erweisen kann.

Freunde lassen ihren Versprechungen Taten folgen
Ein Versprechen, „zu helfen, wenn du mich anrufst", wird höchstwahrscheinlich keine Reaktion vonseiten des Leidtragenden hervorrufen. Es ist zu schwierig, sich zu merken, wer was tun wollte. An manchen Tagen wusste ich nicht einmal mehr die Telefonnummer meiner besten Freundin. Mein Kopf hatte abgeschaltet.

Der anfängliche Schock nach einem Todesfall wirkt wie ein Beruhigungsmittel und macht Menschen gefühllos gegenüber dem Schmerz und der Erinnerung. Dieser Zustand kann tage- oder wochenlang anhalten und die Illusion erzeugen, der oder die Hinterbliebene werde mit der Situation gut fertig. Doch im Laufe der Zeit kommt dieser Mensch wieder zu Sinnen und ist dann in der Lage, dem Dilemma direkt ins Auge zu sehen. Gleichzeitig führt die schwindende Gefühllosigkeit zu häufig wiederkehrenden, heftigen emotionalen Schmerzanfällen.

Durch meine Erfahrungen während der ersten Tage nach dem Tod meines Mannes sowie in den darauffolgenden Wochen und Monaten habe ich gelernt, wie wichtig es ist, Freunde an seiner Trauer teilnehmen zu lassen. Ohne dass ich sie gefragt hätte, kamen einige, um für mich Holz zu hacken und aufzustapeln oder Schnee zu schippen. Andere kamen, nur damit ich mich aussprechen und ausweinen konnte. Ich habe festgestellt, dass Liebe mehr beinhaltet als den Spruch: „Herzliches Beileid."

Freunde mischen sich nicht in Arbeiten ein, die der Trauernde selbst erledigen muss
Ich wollte denjenigen, die mir etwas zu essen gebracht hatten, ihre leeren Töpfe und Schüsseln zurückbringen. Damit wollte ich zum einen meinen Dank ausdrücken, zum anderen war es aber auch ein Grund, aus dem Haus zu kommen. Freunde

boten mir an, dies für mich zu erledigen, doch als ich ablehnte, respektierten sie meinen Wunsch.

Nach dem Trauergottesdienst wurden mir die Blumengebinde und Topfpflanzen ins Haus gebracht, das bald einem Blumenladen ähnelte. Obwohl ich dankbar war für die tröstenden Worte und guten Wünsche der Absender, musste ein Teil des farbenfrohen Dschungels von Tischen und Anrichten verschwinden. Also machte ich eine Liste, auf der ich für jeden, der bei Dirks Beerdigung mitgeholfen hatte, eine Topfpflanze bestimmte. Für das Pflegeheim, in dem ich ehrenamtlich mitarbeitete, stellte ich einen großen Blumenstrauß zusammen. Einen ganzen, sonst einsamen Sonntagnachmittag verbrachte ich damit, Blumensträuße und -töpfe bei Freunden abzugeben, die sich freuten, dass ich unterwegs war. Ich erinnere mich, was für ein gutes Gefühl es war, diese Liebesgaben weiterzugeben; es war etwas, das ich selbst tun musste.

Freunde stellen keine aufdringlichen Fragen

Es ist durchaus legitim zu fragen: „Möchtest du lieber allein sein?", „Soll ich das Telefon abnehmen?", „Soll ich dich begleiten?" oder: „Möchtest du über ihn/sie reden?"

Doch es gibt auch Fragen, die bildlich gesprochen Salz in frische Wunden reiben. Eine der aufdringlichsten Fragen, die jemand stellen kann, lautet: „War er Christ?" Wenn der Verstorbene keine persönliche Beziehung zu Christus hatte, kann solch eine intime Frage die Hinterbliebenen tieftraurig machen. Wer den Verstorbenen nicht so gut gekannt hat, dass er über seinen Glauben Bescheid wusste, hat kein Recht, die Hinterbliebenen danach zu fragen.

Eine andere unangebrachte Frage lautet: „Wie viel Geld hat er/sie dir hinterlassen?" Wie sonst auch, sind Fragen nach jemandes finanzieller Situation ein Verstoß gegen die Etikette. Ein enger Freund, der ernsthaft besorgt ist, kann vielleicht sagen: „Falls du finanziell in Schwierigkeiten kommst, lass es mich bitte wissen, und ich werde versuchen, dir zu helfen."

Freunde können zuhören

Als Judiths 16-jähriger Sohn an den Folgen einer Chemotherapie gegen Knochenkrebs starb, hatte sie eine Freundin, der sie die Geschichte immer und immer wieder erzählen durfte. Judith sagte, dies sei das wertvollste Geschenk gewesen, das irgendein Mensch ihr machen konnte, weil es ihr half, über das Geschehene hinwegzukommen.

Manche Leute versuchen, den Namen des Verstorbenen möglichst nicht zu erwähnen, aus Angst, die Hinterbliebenen zum Weinen zu bringen. Doch für mich gehörte es zu den ganz besonderen Augenblicken während meiner Trauerzeit, wenn jemand mit mir über meinen Mann sprach und dabei zum Ausdruck brachte, wie sehr er ihn vermissen würde.

Einer seiner Anglerfreunde kam eines Tages unerwartet bei mir vorbei. Wir saßen ein paar Stunden zusammen, und er erzählte mir, wie begeistert er über Dirks ausgeprägten Orientierungssinn und über seine Fähigkeit gewesen sei, die Regenbogenforelle, die sich zwischen den Felsbrocken der Gebirgsflüsse versteckte, an Land zu ziehen.

Freunde verurteilen nicht

Manchmal kann der Tod einen Menschen aus einer schwierigen Beziehung erlösen. Der Zurückgebliebene sehnt sich dann nach jemandem, der seine Schuld- und Reuegefühle für das, was nicht in Ordnung war, versteht. Er braucht einen Freund, der ihn nicht verurteilt, sondern ihm einfach zuhört, wenn er über seine Gefühle spricht.

Menschen benötigen Zeit, um über das zu trauern, was ihnen genommen wurde: die Zukunft ihres Kindes, die Freude eines Schulabschlusses oder einer Hochzeit, das Vorrecht, mit der Liebe ihres Lebens alt zu werden oder die Möglichkeit, sich zu versöhnen. Sie müssen sich auch mit Dingen auseinandersetzen, die sie im Nachhinein bereuen. Sie brauchen jemanden, der ihnen zuhört, wenn sie über ihre zerschlagenen Träume und ihre Enttäuschungen sprechen wollen – auch dann, wenn sie von Gott enttäuscht sind.

Freunde vergessen auch den Rest der Familie nicht

In dem ganzen Durcheinander, das mit einem Todesfall einhergeht, können die Kinder leicht übersehen werden, aber auch sie haben einen Verlust erlitten. Kleine Kinder freuen sich vielleicht, wenn man einen Ausflug mit ihnen unternimmt. Außerdem ermöglicht das dem hinterbliebenen Elternteil eine vielleicht dringend benötigte Zeit des Alleinseins.

Ältere Kinder wünschen sich oft, dem Haus hin und wieder entfliehen zu können. Meine Töchter waren nur zu gern bereit, Botengänge zu machen, beispielsweise die gedruckten Programme für den Trauergottesdienst abzuholen oder Lebensmittel einzukaufen.

Selbst die erwachsenen Kinder des Verstorbenen können von Freunden, die sich ganz auf die verwitwete Person konzentrieren, übersehen werden. Doch sie freuen sich garantiert über einen speziellen Gruß oder eine persönlich gehaltene Karte.

Auch Großeltern brauchen Trost, um mit ihrer „doppelten Trauer“ fertigzuwerden: Trauer um das tote Enkelkind und Trauer über ihr eigenes Kind, das nun den Schmerz ertragen muss, der auf den Tod eines Sohnes oder einer Tochter folgt.

Freunde merken sich Jahrestage

Manche Menschen haben Bedenken, sich mit dem Hinterbliebenen am Todestag, Geburtstag oder an einem anderen besonderen Tag in Verbindung zu setzen, weil sie befürchten, damit

Tränen oder neuen Kummer auszulösen. Doch der Hinterbliebene hat diese schmerzlichen Tage ohnehin nicht aus seinem Gedächtnis gelöscht und ein solches Zeichen des Gedenkens wird für ihn wahrscheinlich ein großer Trost sein.

Ein schriftlicher Gruß oder ein Anruf einen Monat, ein halbes Jahr und ein Jahr nach dem Todestag ist ein Beweis echten Interesses. Selbst Jahre später sind ein paar kurze Zeilen wie „Ich werde heute besonders für dich beten“ höchst willkommen.

Als Dirks erster Todestag näher kam, verspürte ich ein unbändiges Verlangen, mit ihm zu reden. Ich sehnte mich danach, ihm mitzuteilen, was für ein schwieriges Jahr es für mich gewesen war. Ich wollte ihm so gern erzählen, zu welch einem hübschen jungen Mädchen sich unsere Enkelin entwickelte, und mit ihm über die lustigen Streiche unseres kleinen Enkelsohns lachen.

Eine Freundin erinnerte sich an den Tag und lud mich zum Mittagessen in ein Restaurant ein. Sie nahm sich die Zeit, meiner langen Liste von Wehklagen zuzuhören und für mich zu beten. Sie verband meine empfindlichen Gefühle mit ihren verständnisvollen Worten und schenkte mir dadurch Hoffnung und neuen Mut. Zudem versprach sie mir, mich bald einmal zum Essen zu sich nach Hause einzuladen – was sie auch tat.

Freunde ermutigen zur Selbstständigkeit

Niemand kann den Platz des Verstorbenen einnehmen. Der/die Hinterbliebene muss lernen, mit dem Verlust fertigzuwerden.

Man kann die Person ermutigen, an Treffen zur Trauerbewältigung, wie sie von Hospizen oder Kirchengemeinden angeboten werden, teilzunehmen, um dort neue Hoffnung zu schöpfen und wieder Interesse am Leben nach dem Tod eines lieben Angehörigen zu finden. Das Führen eines Tagebuchs, die Teilnahme an einer Selbsthilfegruppe und der Einsatz für andere von einem Trauerfall betroffene Menschen können ebenfalls mithelfen, sich in der neuen Rolle zurechtzufinden.

Während die Hinterbliebenen anfangen, innerlich heil zu werden, können Freunde ihnen Mut machen, neue Träume zu haben und sich neue Ziele zu stecken. Einige Monate nach dem Tod können die Freunde allmählich beginnen, ihre Unterstützung bei Dingen zu verringern, die die Hinterbliebenen selbst tun können. Dazu gehört beispielsweise die Fahrt zum Gottesdienst oder das Führen des Bankkontos. Männer, die sich sonst in Haushaltsdingen immer auf ihre Frauen verlassen haben, können lernen, mit dem Bügeleisen umzugehen, ihre Wäsche selbst auszubessern und einen Braten zuzubereiten.

Nachdem mein Mann gestorben war, lernte ich Dinge zu tun, die ich früher nie für möglich gehalten hätte. Ich kann heute kleinere Reparaturen am und im Haus durchführen, mich um mein Auto kümmern und meine Finanzen managen. Es macht mir nichts mehr aus, allein zu essen, und manchmal gehe ich sogar allein ins Kino oder in ein Konzert. Die Selbstständigkeit, die ich heute besitze, hätte ich niemals erreicht, wenn meine Freunde und Familienangehörigen mir nicht die Freiheit gegeben hätten, allein zurechtzukommen.

Für viele verwitwete Menschen beginnt mit dem Alleinleben ein neues Abenteuer: Sie gewinnen zum ersten Mal eine richtige Perspektive dafür, wer sie sind. Nur wenn sie lernen, allein zurechtzukommen, werden sie Gott für ein neues, sinnvolles Leben vertrauen können.

Freunde beten für die Hinterbliebenen

Ich bete darum, dass Gottes Hand meine trauernden Freunde mit seinem Trost und seiner Heilung berührt. Ich bitte Gott, mir zu zeigen, wie ich einen Trauernden begleiten kann. Manchmal fühle ich mich total fehl am Platz, wenn ich versuche zu helfen, und stelle womöglich fest, dass Gott jemand anderem die Aufgabe übertragen hat, die Last des Trauernden mitzutragen. Trotzdem kann ich weiter für ihn beten.

Das größte Geschenk, das wir einem Trauernden, der Jesus Christus noch nicht persönlich kennt, machen können, ist, dass wir ihn mit dem Herrn bekannt machen. Ohne Jesus gibt es kein Heilmittel für die Ungewissheit des Todes. Ohne Jesus gibt es keinen wahren inneren Frieden.

Nach dem Tod meines Mannes fand ich Frieden in dem Wissen, dass ich jemanden habe, den ich nie verlieren werde: Jesus. Er ist mein Freund, der mich mit der Schönheit seiner Schöpfung, der Wärme seiner Liebe und der Gewissheit des ewigen Lebens tröstet. Er ist es auch, der mich in die Lage versetzt, Trauernde zu begleiten und sie zu ermutigen, neue Lebensanreize und eine Zukunft zu suchen, die erfüllt ist mit Freude, Frieden und Hoffnung.

Himmel

Das Buch der Offenbarung macht deutlich, dass die Heiligen im Himmel zusammen feiern und anbeten werden. Hier einige Beispiele, wie dies aussehen wird:

„Dann sah ich eine unzählbar große Schar von Engeln – tausend Mal Tausende und zehntausend Mal Zehntausende. Sie standen im Kreis rings um den Thron, um die vier lebendigen Wesen und um die Ältesten, und ich hörte, wie sie in einem mächtigen Chor sangen: ‚Würdig ist das Lamm, das geopfert wurde, Macht und Reichtum zu empfangen, Weisheit und Stärke, Ehre, Ruhm und Anbetung!'" (Offenbarung 5,11–12; Neue Genfer Übersetzung).

„Aus dem Himmel ertönte ein Brausen, das sich wie das Tosen einer mächtigen Brandung und wie gewaltiges Donnerrollen anhörte und gleichzeitig wie Musik von Harfenspielern klang. Was ich hörte, war ein neues Lied, das vor dem Thron und vor den vier lebendigen Wesen und den Ältesten gesungen wurde" (Offenbarung 14,2–3; Neue Genfer Übersetzung).

„Dann hörte ich ein weiteres Mal einen Jubelgesang, der von einem vielstimmigen Chor zu kommen schien und wie das Tosen einer mächtigen Brandung und wie gewaltiges Donnerrollen klang: ‚Halleluja! Gepriesen sei der Herr! Denn er ist es, der von jetzt an regiert, er, unser Gott, der allmächtige Herrscher'" (Offenbarung 19,6; Neue Genfer Übersetzung).

Bei der Anbetung geht es nicht um uns, sondern um Gott.

Ihn sollen wir mit ganzem Herzen, ganzer Seele und ganzem Verstand anbeten – in dem Wissen, dass er auf dem Thron sitzt, den wir sehen werden, wenn wir durch das Tor des Himmels treten.

Bei der Anbetung geht es nicht um das Hier, sondern um das Dort.

Eines der Hauptziele von Anbetung ist, dass wir unsere Gedanken weg vom Irdischen hin zum Himmlischen lenken.

Bei der Anbetung geht es nicht um das Jetzt, sondern um das Dann.

Anbetung ist die Straße, die uns von der Leere dieser Welt hin zur Fülle jener Welt führt. Wenn wir nicht anbeten, dann beschränken wir uns auf die Armut dieses Lebens.

Gemeinsame Anbetung ist wichtig. Wir brauchen die Gemeinde. Wir brauchen einander. Ein individuelles Christsein gibt es nicht. Das Wort „Heilige“ wird in der Bibel immer in der Mehrzahl gebraucht!

KAPITEL 6

Helden des Himmels

Märtyrer: Für den Glauben gestorben

„Dies ist das Ende. Für mich der Beginn des Lebens …“ Dietrich Bonhoeffer befand sich auf dem Weg zu seiner Hinrichtung, als er diese Worte sprach – nur wenige Tage bevor das Konzentrationslager Flossenbürg von den Siegermächten befreit wurde. Am 9. April 1945 trat er in die lange Reihe von Märtyrern ein, die rund zweitausend Jahre zurückreicht.

Diese Reihe ist auch heute noch nicht zu Ende. Im Gegenteil, sie wird von Tag zu Tag länger. Im 20. Jahrhundert sind mehr Christen um ihres Glaubens willen verfolgt und umgebracht worden als in allen früheren Jahrhunderten zusammen. Für alle diese Menschen war der Märtyrertod das Ende ihres irdischen Lebens, aber der Beginn eines neuen Lebens bei Gott.

Der Theologe Gerald Bonner sagte einmal, dass das wichtigste Element im Martyrium nicht der eigentliche Akt des Sterbens sei, sondern vielmehr die

Bereitschaft des Märtyrers, für Christus zu leben, auch wenn das Leben paradoxerweise für ihn Sterben bedeuten mag.

Liegt uns in unseren relativ sicheren Verhältnissen der Gedanke, für Christus zu sterben, nicht recht fern? Die meisten Menschen, die wegen ihres Glaubens an Jesus getötet worden sind, hatten mit dieser Möglichkeit nicht unbedingt gerechnet. Aber ihre Treue zu ihm im täglichen Leben hatte sie darauf vorbereitet, auch für ihn zu sterben.

„Der Inhalt meines Lebens ist Christus, und deshalb ist Sterben für mich ein Gewinn", schreibt der Apostel Paulus in Philipper 1, Vers 21 (Neue Genfer Übersetzung). Sind wir wirklich bereit, für Christus zu leben? Das ist die einzige Frage, der wir uns im Augenblick stellen müssen.

Zeichen des Himmels

Als meine Tochter als Märtyrerin starb

Gisela Beyer

Daniela Beyer war gerade 35 Jahre alt, als sie starb. Die Chemnitzerin dolmetschte für Ärzte in Krisengebieten und übersetzte Schulbücher für afghanische Kinder. An einem Donnerstag kostete ihr Dienst sie das Leben: Ein Trupp Männer überfiel die Geländewagen, mit denen ihre Gruppe einen Fluss überquerte, um in die nordöstliche Provinz Badachschan zu gelangen. Sie ermordeten alle bis auf den Fahrer. Zwei Tage später, am 7. August 2010, klingelte das Telefon bei ihren Eltern in Deutschland. Gisela Beyer erzählt von ihren Gedanken und Gefühlen, als die Nachricht sie erreichte.

Wie geht man mit dem Tod eines geliebten Kindes um – in unserem Fall mit einem so gewaltsamen Mord? Ich kann nur meine Geschichte erzählen, wie ich sie erlebt habe.

Anfangs spürte ich Schmerz und Trauer, aber keine Verzweiflung oder Auflehnung. Ich habe darauf vertraut, dass Jesus mich hindurchführen wird. Noch heute staune ich, wie Gott sich während der Trauer so persönlich um jeden von uns gekümmert hat.

Mir wurde bewusst, dass Gott mich auf dieses schlimme Ereignis vorbereitet hatte. Vor vielen Jahren erfasste mich im Gottesdienst plötzlich ein starker seelischer Schmerz. Mir kamen die Tränen, und ich „wusste", Dani wird einmal „da hinten" wie eine Kerze verlöschen. Ich habe ihr das nie erzählt. Damals ahnte noch niemand etwas von Afghanistan. Vielleicht ist dieses Erlebnis ja der Grund, warum mich die Todesnachricht nicht verzweifeln ließ.

Eine junge Frau aus unserer Gemeinde schenkte uns zur

Beerdigung einen Engel mit einer Kerze in der einen Hand. Mit der anderen Hand versucht er, die Kerze vor dem Verlöschen zu schützen – für mich kein Zufall, sondern ein Grund zur Dankbarkeit.

Außerdem fand ich in Danis Unterlagen eine Notiz: „Von 1970 bis 1973 existierte in Kabul eine Kirche. Am 17. Juli 1973 wurde der letzte Stein dieser Kirche weggeräumt. Am selben Tag wurde König Zahir Shah abgesetzt. Aber nichts kann die Verheißung von Römer 8,28 zerstören. Wir sind Zeugen dieser Verheißung."

Ich kenne den Vers gut: „Eines aber wissen wir: Alles trägt zum Besten derer bei, die Gott lieben; sie sind ja in Übereinstimmung mit seinem Plan berufen." Als ich Danielas Notiz las, kam mir ein verwegener Gedanke: Im März 1973 hatte Gott sehr klar zu mir gesprochen, wir sollten noch ein drittes Kind bekommen. Gleichzeitig „wusste" ich, dass dies für mich das Aus in meinem Beruf als praktische Ärztin bedeuten würde. Knapp zwei Jahre später wurde Daniela geboren.

Könnte es sein, dass Gott damals schon Afghanistan und Danis Berufung in dieses Land im Blick hatte?

Schon während der Schulzeit träumte Daniela davon, sich für Völker ohne Schriftsprache einzusetzen. Am liebsten wollte sie an einer Bibelübersetzung mitarbeiten. Lange suchte sie nach dem „richtigen" Land. Erst studierte sie Übersetzer für Russisch und Englisch in Leipzig. Während ihres Theologiestudiums in Gießen rückte mehr und mehr die islamische Welt in ihr Blickfeld. Nach einer Zeit im Jemen entschied sie sich dann für Afghanistan. Sie wollte dorthin, wo es an Mitarbeitern mangelte.

2007 reiste Daniela unter dem Dach der christlichen

Hilfsorganisation „International Assistance Mission“ (IAM) nach Afghanistan. IAM arbeitet seit vielen Jahren mit der deutschen „Christoffel-Blindenmission“ zusammen. Innerhalb eines halben Jahres lernte sie Dari, eine der beiden Landessprachen.

2010 erhielt sie eine Anfrage: „Könntest du dir vorstellen, ein Ärzteteam nach Nuristan zu begleiten, um für eine britische Ärztin zu übersetzen und eventuell Spracherkundungsarbeit zu machen?“ Das Ärzteteam wollte in der Provinz Nuristan, im unsicheren Osten Afghanistans, die verarmten Bergbewohner behandeln. Mit Ausnahme der britischen Ärztin kannten die Teammitglieder die Landessprache, doch diese Ärztin war sehr wichtig, da Frauen nur von Frauen behandelt werden dürfen. Nach vielen Gesprächen und Gebeten sagte unsere Tochter zu.

Am 20. Juli schrieb Dani in einer letzten E-Mail an ihre Familie: *„Ich verabschiede mich hiermit von der versammelten Runde. Gott mit euch! Ich hoffe, wir sehn uns im August ... Hab euch dolle lieb! Bleibt fest dran an Jesus! Macht's gut, bis bald, eure Dani.“*

Am darauffolgenden Tag machte sich eine zehnköpfige Gruppe von Kabul aus Richtung Nordosten auf den Weg in ein Gebiet, in dem seit fünf Jahren kein Arzt mehr gewesen war.

Nach zehntägiger harter Arbeit unter den Dorfbewohnern gestaltete sich der Rückweg sehr schwierig: Es gab Eisregen im Tal und oben auf dem Pass – in 4.000 Metern Höhe – schneite es. Sogar die Pferde mit dem Gepäck mussten wieder umkehren. Dr. Tom Little, der Leiter der Gruppe, bezeichnete nach 38 Jahren Afghanistan-Erfahrung die Tour als das Schlimmste, was er je erlebt hatte.

Schließlich erreichten sie nach drei Tagen Fußmarsch am 5. August glücklich ihre Autos, die sie mit einem Wächter zurückgelassen hatten. Bei einer Rast, kurz nachdem sie einen Fluss durchquert hatten, stürmten plötzlich zehn bewaffnete Männer den Berg herunter und erschossen die ganze Gruppe, außer einem Fahrer, den sie am folgenden Morgen laufen ließen.

Als das Unglück geschah, waren wir gerade zusammen mit unserer zweiten Tochter und ihrer Familie im Urlaub in der Nähe von Flensburg. Den stärksten Trost hatte Gott uns für den Todestag selbst vorbereitet, obwohl wir von Danis Tod erst zwei Tage später erfuhren: An Danielas Todestag brachte unsere Tochter Christiane – vier Wochen zu früh – ihren Sohn Jacob zur Welt. Leben und Tod – so nah beieinander.

Einige Zeit später fragte ich Gott, wie ich das Schlimme verstehen solle. Als Antwort hörte ich in meinem Herzen: „Ich habe gewusst, was auf euch zukommt, und deshalb Jacob als starken Trost für euch vorbereitet."

Am 7. August erfuhren wir von Danielas Tod. Die Nachricht konfrontierte mich mit der Heiligkeit Gottes: Er ist der Herr über Leben und Tod. Punkt. Nach und nach tastete ich mich heran, um es irgendwie zu verstehen. Aber menschliches Erkennen ist Stückwerk, das gilt bis heute, auch wenn wir vieles erlebt haben, durch das etwas Licht in das Geschehen gekommen ist.

Vor allem aber ist mir die Liebe Gottes wichtig geworden. Sie hat uns aufgefangen, umgeben und gestärkt. Wir konnten es an einzelnen Dingen erkennen, aber eigentlich war sie wie eine unsichtbare Gegenwart immer da. Sicher war das vorher auch so, aber Leid macht offenbar sensibler und empfänglicher für Gottes Nähe. Das war und ist ein großes Geschenk.

Als wir uns mit den Mitarbeitern des Missionswerkes trafen, spürten wir sofort eine enge Verbundenheit. Wir waren „ein Herz und eine Seele". So haben wir füreinander gebetet.

Besonders staunte ich über die Menschen in unserer Gemeinde in Wittgensdorf. Uns schlug eine Welle des Mitgefühls und der Anteilnahme entgegen, wie wir es noch nie erlebt hatten.

Daniela war ein ausgesprochener Beziehungsmensch; es wurden also zur Beerdigung viele Menschen erwartet. Alle praktischen Fragen, die so eine Großveranstaltung mit sich bringt, einschließlich Imbiss, übernahmen wie selbstverständlich Freunde aus der Gemeinde. Wir haben zwei Blumenbinderinnen in der Gemeinde, die unabhängig voneinander die Idee hatten, den Blumenschmuck wie für eine Braut zu gestalten. So fertigten sie zum Beispiel einen Kranz aus weißen Rosen an. Das hat mich besonders berührt. Der Tag selbst war von großem Frieden erfüllt.

Mir kam – ganz vorsichtig – die Frage: „Herr Jesus, kann es sein, dass die Liebe zu Dani so groß war, dass du sie bei dir haben wolltest?" Die Liebe zu Jesus war Daniela sehr wichtig. Sie schrieb einmal: „Ich bin hier glücklich mit Jesus." Und ein andermal: „Ich habe nicht gedacht, dass ich hier in der Liebe zu Jesus noch wachsen kann, aber genau das passiert." Auf einem Notizzettel von ihr fand ich die Bemerkung, dass man seinen Liebestank nicht nur von Menschen, sondern von Jesus füllen lassen sollte.

Kurz nachdem ich Gott diese Frage gestellt hatte, schrieb uns eine ältere Diakonisse, die wir gar nicht kannten, dass Gott ihr genau das im Gebet gezeigt hatte. Sie schrieb uns nach einigem Zögern: „Ich hatte den Eindruck, als ob Jesus sagt: ‚Daniela, ich liebe dich so sehr, ich möchte, dass du ganz nahe bei mir bist und dass deine Liebe zu mir gestillt wird.'"

Ein weiteres besonderes Erlebnis war der Besuch von Danis Teamleiter aus Kabul, der Mitte September für drei Tage vorbeikam. Er brachte einen großen Koffer mit einigen ihrer Habseligkeiten mit und zog als Letztes einen echten afghanischen Teppich hervor: einen zwei Meter langen Läufer in der Grundfarbe Blau mit goldbrauner Kante und einem herrlichen Muster. Er erinnert mich an die Herrlichkeit des Himmels und ist für mich täglich ein sehr augenfälliger Trost.

Als dieser Mann am ersten Morgen zum Frühstück kam, sagte er voller Freude, dass er von Dani geträumt habe. Sie war in einem prächtigen, kirchenähnlichen Saal mit vielen Engeln. Jesus sagte zu ihr: „Du hast deine Arbeit gut gemacht." Dann haben sie zusammen gefeiert.

Der Teamleiter erzählte uns allerdings auch, was er von dem überlebenden Fahrer über den Hergang des Attentats wusste. Das war für uns sehr schwer zu verkraften. Meinem Mann war es hinterher zum Schreien zumute. Das Ganze war beängstigend nahe gekommen.

Unsere Kinder sind mit uns der Überzeugung, dass uns durch Danis Tod der Himmel ein Stück näher gerückt ist. Gleichzeitig liegt uns das Gebet für Afghanistan mehr denn je am Herzen. Das wichtigste Anliegen ist mir, in der Liebe Jesu zu wachsen und mich täglich darauf zu besinnen. Darin ist uns Dani ein echtes Vorbild.

Wenn wir durch ein Gespräch oder ein Erlebnis an sie erinnert werden, ist das wie bei einem Schatz: Man weiß um ihn, kann in Gedanken dabei verweilen und sich freuen, dass er im Himmel einen sicheren Platz hat.

Wenn der König aufsteht

Elisabeth Mittelstädt

Daniela war jung, voller Leben und Träume für die Zukunft. Ich sah sie zu einer Christin heranreifen, deren Herz dafür schlug, anderen Menschen Gottes Liebe zu bringen. Besonders Völkern, die noch nie von dieser Liebe gehört hatten. Unsere Wege kreuzten sich oft. Ich fieberte mit ihr mit, während sie sich auf ihre Ausreise nach Afghanistan vorbereitete.

Wenige Jahre später hörte ich im Fernsehen die schockierende Nachricht, dass neun Ausländer in Afghanistan getötet worden waren. Am folgenden Tag erhielt ich eine E-Mail: Daniela Beyer war unter den Getöteten. Ich trauerte tief.

Herr, wie viele noch? Wann ist es genug? Schätzungen zufolge sind seit 1950 über 10 Millionen Menschen wegen ihres Glaubens an Jesus Christus als Märtyrer gestorben. Alle christlichen Untersuchungen stimmen überein: Im 20. Jahrhundert sind mehr Menschen um ihres Glaubens willen umgebracht worden als in allen früheren Jahrhunderten zusammen. Diese „modernen Märtyrer" haben gewiss nach Offenbarung 12,11 gelebt und sind auch so gestorben.

Wenn so etwas passiert, suchen wir nach Trost. Kurze Zeit später las ich in meiner Bibel Apostelgeschichte 7: die Geschichte von Stephanus, dem ersten christlichen Märtyrer. Er starb, weil er Jesus als seinen Erlöser bekannte. Als Stephanus gesteinigt wurde, schaute er zum Himmel, erfüllt von der Zuversicht: *Gott wird mich empfangen!*

„Siehe, ich sehe den Himmel offen", rief er, „und den Menschensohn zur Rechten Gottes stehen!" Der Menschensohn, das ist Jesus. Ich kenne keine weitere Bibelstelle, in der Jesus zur Rechten des Vaters *steht*. In Hebräer 8, Vers 1 zum Beispiel lesen wir, dass Jesus zur Rechten Gottes *sitzt*. Denn Könige sitzen auf ihrem Thron. Sie stehen nur auf, wenn sie jemanden besonders ehren möchten.

Stand Jesus für Stephanus auf, um ihn besonders zu würdigen, und hieß ihn als ersten Märtyrer willkommen? Seinen treuen Diener, der ihn mehr liebte als sein eigenes Leben? Stephanus' Blut wirkte in der Welt als Saat: Die Kirche wuchs und wurde stärker.

Besonders bemerkenswert ist der Einfluss von Stephanus auf Paulus. Zweifellos war Stephanus' gewaltsamer Tod ein entscheidender Moment in Paulus' Leben und trug mit zu seiner Hinwendung zu Jesus bei. Augustinus schrieb: „Die Kirche hätte keinen Paulus, wenn Stephanus nicht (für Saulus) gebetet hätte."

Kein Zweifel: Jesus hat Daniela willkommen geheißen. Ob er auch für sie von seinem Thron aufgestanden ist? Eines wissen wir mit Sicherheit: Sie empfing als Belohnung die Krone des Lebens (Jakobus 1,12; Offenbarung 2,10), die diejenigen als Anerkennung erhalten, die in der Verfolgung standhaft geblieben oder als Märtyrer gestorben sind.

Wir hoffen, dass auch Danielas Märtyrertod als eine Saat wirkt in dem Land, in dem sie starb. Wir behalten die Erinnerung an sie im Herzen und eines Tages werden wir sie wiedersehen.

Die Helden des Himmels, die für ihren Glauben gestorben sind, sind sich darüber bewusst, was auf der Erde geschieht. Sie wissen, dass sie getötet wurden, weil sie Christus nachfolgten. Und sie sind sehr daran interessiert, was mit den Menschen passiert, die sie auf der Erde zurückgelassen haben. Deshalb fragen sie: „Wie lange müssen wir noch zuschauen? Wie lange werden diese stolzen Gotteshasser noch auf der Erde herrschen?" Gottes Antwort finden wir in Offenbarung 6, Vers 11 (Neue Genfer Übersetzung):

„Es wurde ihnen gesagt, sie sollten noch eine kurze Zeit Geduld haben. Ihre Zahl sei noch nicht vollständig; denn auch unter ihren Geschwistern, die wie sie Gott dienten, gebe es noch solche, denen es bestimmt sei, dasselbe Schicksal zu erleiden und für ihren Glauben zu sterben."

Diese Märtyrer sind bei vollem Bewusstsein und vollem Verstand. Sie wissen, wer sie sind, und sie wollen Gerechtigkeit für sich selbst und für diejenigen, mit denen sie sich verbunden fühlen.

Laut den Statistiken des Hilfswerkes „Open Doors" nimmt die Christenverfolgung immer mehr zu. Wir können für Gottes Gerechtigkeit beten und für Durchhaltevermögen mitten im Sturm. Und wir dürfen wissen: Wir haben ein himmlisches Publikum, das uns anfeuert!

Natürlich bleiben noch viele Fragen offen. Jemand hat einmal gesagt: „Alles, was in der Bibel steht, ist wahr. Aber nicht alles, was wahr ist, steht in der Bibel." Die Bibel ist keine Enzyklopädie, die alles bekannte Wissen enthält. Sie ist niedergeschriebene Offenbarung Gottes – die Geschichte der Erlösung. Sie enthält alle Informationen, die wir brauchen. Eines Tages werden wir vielleicht mehr erfahren über Themen, die jetzt schwierig für uns sind.

Durch das Tor der Herrlichkeit

Die Geschichte von Elisabeth Elliot

Delia Holtus

„Der ist kein Tor, der hingibt, was er nicht behalten kann, auf dass er gewinne, was er nicht verlieren kann", schrieb Jim

Elliot als junger Student in sein Tagebuch. Sieben Jahre später riskierten er und vier andere Männer ihr Leben, um dem feindlich gesinnten Stamm der Waodani (früher als „Aucas" bezeichnet) das Evangelium zu bringen. Am 8. Januar 1956 kamen alle fünf Missionare bei diesem Versuch ums Leben. Doch damit war die Vision, die Waodani für Jesus zu gewinnen, keineswegs gestorben.

Getrieben von dem sehnlichen Wunsch, Gottes Liebe weiterzugeben, machte sich eine der fünf Witwen, Elisabeth Elliot, mit ihrer kleinen Tochter auf, um bei diesem Stamm zu leben. Die Schwester eines anderen der fünf Missionare, Rachel Saint, ging ebenfalls. Weitere Missionarinnen ließen sich von dieser Vision leiten und gesellten sich zu den beiden Frauen. Sie übersetzten das Neue Testament in die Stammessprache, gründeten eine Schule und halfen den Indianern dabei, Landrechte zu erwerben.

Der Mut der beiden Frauen, Elisabeth und Rachel, die nicht Rache, sondern Vergebung übten, berührte die Herzen der Waodani. Inzwischen hat ein Großteil des Stammes – einschließlich der Männer, die damals die Missionare ermordeten – den Glauben an Christus angenommen und mit seinem alten Leben gebrochen, das von Rache und Geisterfurcht geprägt war.

Ein Indianer im Urwald von Ecuador fragte einmal einen Missionar: „Wann ist das alles passiert, was ihr uns von Jesus, von seiner Geburt und seinem Tod erzählt habt?" Der Missionar antwortete: „Vor etwa 2.000 Jahren." Der Indianer konnte sich unter dieser Zeitangabe nicht viel vorstellen, merkte aber, dass es sich um eine sehr lange Zeitspanne handeln musste, und fragte weiter: „Warum hat es denn so lange gedauert, bis das Evangelium zu uns gekommen ist?" So viel bedeutet den Indianern die gute Nachricht von Jesus.

Auf die Frage, ob ihr Leben denn nicht glücklicher gewesen

sei, ehe die Missionare kamen, erwiderte der Stammeshäuptling spontan: „Nein, unsere Vorfahren waren nicht glücklich. Wir töteten einander. Wer schneller war, überlebte. Auch fragten wir uns oft, wo Gott sei. Wir dachten, er habe uns für immer verlassen, und darum ginge es uns so schlecht. Aber seit wir von Gott gehört haben und sein Wort verstehen, ist alles besser geworden. Wir wollen es aller Welt sagen, dass wir jetzt Frieden haben."

Zur Weihnachtszeit, kurz bevor sie zu den Waodani flogen, hatte der Missionar Nate Saint folgende Gedanken niedergeschrieben:

„Wenn wir fünf Gottes Willen suchen, kann es dann richtig sein, dass wir unser Leben erhalten wollen? Wenn wir uns diese Frage stellen, sehen wir ein, dass es nicht der Ruf von Tausenden ist, der uns drängt, sondern es ist ein Wort Gottes. Er will, dass es aus jedem Stamm Menschen gibt, die bei seiner Wiederkunft dabei sind. Daher glauben wir auch, dass es Gottes Wille ist, wenn wir zu den Waodani fliegen.

Wenn Gott uns die richtige Vision gibt, würde das Wort ‚Opfer' ganz aus unserem Wortschatz und aus unseren Gedanken verschwinden. Wir würden Dinge hassen, die uns jetzt so wertvoll erscheinen. Wir würden jede zeitverschwenderische Ablenkung verachten und den Feind unserer Seelen mit aller Macht im Namen Jesu bekämpfen.

Mögen wir hinter der friedlichen Szene von Bethlehem auch das schwere Leiden von Golgatha sehen! Mögen wir, die wir Gott kennen, den Schrei der Verlorenen hören, die gedankenlos in eine Christus-lose Nacht geschleudert werden, ohne je eine Möglichkeit zu haben, das Evangelium zu hören."

Als Nates Tochter Kathy später gefragt wurde: „Was fühlst

du, wenn du den Mördern deines Vaters begegnest?", erklärte sie, sie empfinde überhaupt keinen Hass. „Immer wieder sagt man uns, wir müssten den Waodani vergeben, aber ich brauche ihnen gar nichts zu vergeben. Ich bin überzeugt, dass sie nicht wussten, was sie taten. Ich habe viel größere Probleme damit, Christen zu vergeben, wenn sie unrecht tun, obwohl sie es besser wissen."

Ihre Mutter, Marjorie Saint, fügte hinzu: „Ich kann wirklich bestätigen, dass Kathy das immer so gesehen hat. Sie hatte sogar die Idee, sich von den Mördern ihres Vaters – einer ist jetzt Pastor – taufen zu lassen. Ihr Bruder Steve wurde zum gleichen Zeitpunkt getauft – und zwar genau an der Stelle, an der ihr Vater umgekommen ist."

Nur ein Jahr nach der tödlichen Begegnung erschien Elisabeth Elliots Buch „Through Gates of Splendor" („Durchs Tor der Herrlichkeit"), das schnell zum Bestseller wurde. 2002 folgte ein Dokumentarfilm, der auf dem Buch basiert und durch Interviews mit den fünf Witwen, zwei Anthropologen und zahlreichen Waodani-Indianern ergänzt wird. 2009 erschien die deutsche Fassung unter dem Titel „Jenseits der Herrlichkeit".

Der Film erzählt die Geschichte der fünf Missionare, die vor einem halben Jahrhundert an einem einsamen Strand in Ecuador ermordet wurden. Dabei zerstört er den Mythos des „edlen Wilden", der besagt, dass eingeborene Stammesvölker in Harmonie mit der Natur und einander leben – woraus einige Anthropologen ableiten, dass diese unberührten Kulturen abgeschiedener Volksgruppen nicht von der modernen Zivilisation gestört werden sollten, insbesondere nicht von Missionaren. Doch der Film bleibt nicht bei dem grausamen

Mord stehen, sondern zeigt die geistliche und gesellschaftliche Wandlung eines mörderischen „Steinzeit-Stammes".

Zu Beginn vermittelt er schonungslos die unbarmherzige Kultur der Waodani-Indianer, in der die Stammesleute nicht nur Außenstehende töteten, die die Grenzen ihres Gebietes überschritten, sondern auch einander, oftmals wegen – aus unserer Sicht – unbedeutender Beleidigungen. Schätzungsweise sechs von zehn Todesfällen unter Erwachsenen waren Morde.

Nach dieser Eröffnung bewegt sich die Handlung hin zu dem grausamen Mord an den Missionaren Jim Elliot, Roger Youderian, Nate Saint, Ed McCully und Pete Fleming. Ihr entsetzlicher Tod am 8. Januar 1956 wird weitestgehend durch Andeutungen und Interviews vermittelt.

Dann erklärt der Film, warum die Indianer die Missionare mit Speeren durchbohrten: Nach zahlreichen Flügen über das Waodani-Gebiet hatte der Pilot Nate Saint am Tag zuvor die fünf Männer mit einem kleinen Flugzeug zu dem abgelegenen Sandstrand gebracht. Dort begegneten sie drei Eingeborenen, deren Sprache sie größtenteils nicht verstanden. Der Kontakt war allem Anschein nach freundlicher Art. Einer der Indianer, den die Missionare „George" nannten, würde bei dem Mord am folgenden Tag eine entscheidende Rolle spielen. Was die Missionare nicht wussten: „George" erzählte seinen Stammesmitgliedern, dass die weißen Männer vorhatten, sie zu töten und zu essen. Als die Missionare am nächsten Tag zurückkehrten, liefen die Stammesmitglieder daher wutentbrannt zu jenem Sandstrand und metzelten die ahnungslosen Männer nieder.

Nun folgt die bewegendste Szene im ganzen Film: die Entscheidung von Elisabeth Elliot und Rachel Saint (der Schwester von Nate Saint), unter den Waodani zu leben, um ihnen das Evangelium zu bringen.

Der hingebungsvolle Einsatz der fünf Männer und später

ihrer Angehörigen hatte immense Auswirkungen: Überall auf der Welt meldeten sich Hunderte von jungen Menschen in christlichen Schulen und Universitäten, die ihr Leben in den Dienst der Mission stellen wollten. Andere entschieden sich dadurch, Jesus Christus nachzufolgen. Die Waodani sprachen oft über die weißen Männer, die in der „gelben Holzbiene" gekommen waren. Zwei Dinge erschienen ihnen unverständlich: Warum hatten sie nicht ihre Waffen benutzt, um sich zu verteidigen? Und was war die Ursache für das Singen und Leuchten gewesen, das nach dem Tod der Männer am Himmel wahrzunehmen gewesen war (ein Phänomen, von dem alle noch lebenden Augenzeugen berichteten)? Die Indianer waren überzeugt, dass die Missionare friedlich und gut gewesen waren und dass ihr Tod ein gewaltiges übernatürliches Ereignis hervorgerufen hatte. Diese Überzeugung machte sie bereit für das Evangelium, das Elisabeth Elliot und Rachel Saint ihnen verkündeten. Nach und nach entschied sich fast der gesamte Stamm für ein Leben mit Jesus.

Heute ist Ecuador bekannt für den Dienst von Radio HCJB („Heralding Christ Jesus Blessings"), das Gottes Botschaft in 19 Sprachen und 23 Indianerdialekten ausstrahlt. Außerdem unterhält das Missionswerk mehrere karitative Einrichtungen, darunter ein Krankenhaus und Schulen. Die Organisation sendet neben Missionaren auch Ärzte in den ecuadorianischen Regenwald, die einheimische Indianer behandeln.

Die Fünf-Kronen-Liga

Wenn Christen vor den Richterstuhl Jesu treten, geht es nicht darum, ob sie in den Himmel dürfen. Vielmehr lauten die Fragen: *Wie habe ich mein Leben verbracht? Wie habe ich die Gaben und Talente verwaltet und genutzt, die Gott mir anvertraut hat?*

Die Bibel beschreibt einige der herausragenden Ehrenpreise, die uns im Himmel erwarten, darunter fünf Kronen, die im Neuen Testament aufgelistet sind. Diese Kronen erhalten Menschen, die auf der Erde bestimmte Herausforderungen gemeistert haben. Wenn Sie sich bereits einen Platz im Himmel reserviert haben, sind Sie gleichzeitig berechtigt, in der „Fünf-Kronen-Liga" anzutreten. Hier sind fünf Ehrungen für diejenigen, die sich qualifizieren:

- die Siegerkrone: die Krone der persönlichen Disziplin (1. Korinther 9,25–27),
- die Freudenkrone: die Krone der „Seelengewinner" (1. Thessalonicher 2,19),
- die Lebenskrone: die Krone des Leidens (Jakobus 1,12; Offenbarung 2,10),
- die Krone der Gerechtigkeit: die Krone der Freude auf Jesu Wiederkunft (2. Timotheus 4,8),
- die Krone der Herrlichkeit: die Krone der Leiter, Lehrer und Hirten (1. Petrus 5,4).

In der Bibel steht, dass wir diese Kronen Jesus zu Füßen legen als Akt der Anbetung, der alles übertrifft, was wir je erlebt haben (Offenbarung 4,10). Keiner möchte dort mit leeren Händen stehen; alle wollen Jesus als König mit so vielen Kronen wie möglich ehren.

Die Lebenskrone erhalten Märtyrer und diejenigen, die trotz Versuchung, Anfechtung und Verfolgung standgehalten haben. Motiviert hat sie dabei die Liebe zu Christus. Viele Menschen müssen schreckliche Kämpfe bestehen, um am Glauben festzuhalten. Ihnen wird im Himmel die Krone des Lebens zuteil.

Zahlreiche Christen tragen eine große Leidenslast, die sie mit der richtigen Einstellung akzeptieren, wodurch sie wiederum Gott ehren. Sie fragen nicht pausenlos: „Warum?", sondern gehen durch die Anfechtungen hindurch und bewahren Haltung als eine Frau oder ein Mann nach dem Herzen Gottes. Eines Tages werden sie vor Gott stehen und er wird zu ihnen sagen: „Du hast all das ertragen und es gut ertragen. Jetzt ehre ich dich vor allen. Hier ist die Lebenskrone."

Charles Wesley schrieb in einem Lied:

In der Hoffnung auf eine unsterbliche Krone
ertrage ich jetzt das Kreuz
und wandere froh auf und ab
und lächle Schmerz und Mühe entgegen.
Ich erleide meine Jahre,
bis mein Erlöser kommt
und wegwischt die Tränen seines Dieners,
ihn aus dem Exil nach Hause holt.

Dr. David Jeremiah

Zum Schmunzeln

Als wir uns die Siegerehrung bei der Olympiade anschauten, sagte ich in die Runde: „So einen Siegerkranz bekommen wir auch mal, wenn wir im Himmel ankommen!"

Mit ernstem Gesichtsausdruck fragte unsere Tochter Sina (5) ihren Papa etwas später: „Sind die im Fernsehen schon alle tot?"

Wir brauchen keine Angst zu haben

In dem bekannten 23. Psalm erklärt David, dass Gott uns von der Angst vor dem Tod befreit: „Auch wenn ich durch das dunkle Tal des Todes gehe, fürchte ich mich nicht, denn du bist an meiner Seite“ (Psalm 23,4; Neues Leben).

Der Apostel Paulus schreibt in seinem ersten Brief an die Gemeinde in Korinth: „Der Tod wurde verschlungen vom Sieg. Tod, wo ist dein Sieg? Tod, wo ist dein Stachel?“ (1. Korinther 15,54–55; Neues Leben). Für Christen hat der Tod keinen „Stachel“ mehr. Er ist wie eine Biene, die einmal gestochen hat und dann harmlos ist, weil sie den Stachel bei ihrem ersten Stich verloren hat. Jesus Christus ging ans Kreuz und nahm den „Stachel“ des Todes auf sich – für uns. Nun hat der Tod keinen Stachel mehr, mit dem er uns Schaden zufügen könnte.

Die folgende Geschichte veranschaulicht das: Ein kleiner Junge war gemeinsam mit seinem Vater im Auto unterwegs. Auf einmal schrie der Junge voller Panik: „Papa, da ist eine Biene im Auto!“ Vor einiger Zeit war er fast an einem Bienenstich gestorben, und der Arzt hatte ihn und seine Eltern gewarnt, dass ein weiterer Stich tödlich sein könnte. Der Vater sah die Biene, streckte die Hand aus, schloss die Biene darin ein und ließ sie dann wieder frei. Der kleine Junge schrie wieder: „Papa, ich habe Angst, dass sie mich sticht!“ Der Vater sah ihn an und entgegnete: „Nein, mein Sohn, sie hat mich gestochen, und ich habe den einzigen Stachel abbekommen, den sie hatte.“

Die Jünger hatten keine Angst vor dem Tod. Sie wussten, dass sie das Tal des Todes durchqueren würden, um auf der anderen Seite bei Christus zu sein. Sie wussten: Christus war bei ihnen im Tal, und sie würden mit ihm zusammen aus dem Tal herauskommen, um dann für immer mit ihm zu leben. Dieses Wissen befähigte sie, dem Tod ohne Angst zu entgegenzutreten. Mit dieser Zuversicht starben sie den Märtyrertod – sie verbrannten auf Scheiterhaufen, ließen sich mit dem Kopf nach unten kreuzigen, zu Tode steinigen, köpfen, von Löwen fressen. Die ersten Christen waren überzeugt, dass Menschen zwar den Körper, aber nicht die Seele töten konnten. Ihr Glaube vertrieb die Angst vor dem Tod. Das ist es, was echter Glaube tut.

Echter Glaube befreit uns nicht nur von der Angst, sondern vertieft auch unsere Beziehung zu Gott. David sagte: „Ich fürchte mich nicht, *denn du bist an meiner Seite.*" Seine Freunde hatten ihn verlassen; Familienmitglieder drohten, ihn zu töten. Doch als er dem Tod nahe war, erfüllte ihn eine starke Zuversicht, denn er wusste: „Ich bin nicht allein." David war ein Hirtenjunge, der in der Nähe von Bethlehem die Schafe seines Vaters hütete, als der Prophet Samuel kam und ihn zum König salbte. Als Hirte wusste er, dass Schafe niemals allein durch ein Tal gehen, sondern der Hirte immer bei ihnen ist. Dieses Wissen stärkte seinen Glauben und vertrieb die Angst.

Bevor Christus in den Himmel zurückkehrte, versprach er auf dem Ölberg seinen Jüngern: „Ich bin immer bei euch" (Matthäus 28,20; Hoffnung für alle). Und schon im Alten Testament verspricht Gott: „Fürchte dich nicht, denn ich bin bei dir; hab keine Angst, denn ich bin dein Gott! Ich mache dich stark, ich helfe dir, mit meiner siegreichen Hand beschütze ich dich!" (Jesaja 41,10; Hoffnung für alle). Wenn wir diese Worte tief in unser Herz aufnehmen, werden sie unseren Glauben stärken!

Dieses Vertrauen auf Gott zieht sich wie ein roter Faden durch den 23. Psalm. David weiß: Gott ist sein Hirte. Er lässt David auf grünen Wiesen ausruhen und führt ihn zu stillen Wassern. Er erfrischt Davids Seele und gibt ihm neue Kraft. Er führt ihn auf Wegen der Gerechtigkeit und begleitet ihn durch das Tal des Todes.

Was Gott für David tat, das tut er auch für uns. Er ist immer bei uns, in jedem Augenblick unseres Lebens und bei jedem Schritt, den wir durch das Tal des Todes gehen.

Himmel

Ewiges Leben – was bedeutet das?

Jesus erklärt: „Vertraut auf Gott und vertraut auf mich! Im Haus meines Vaters gibt es viele Wohnungen. Wenn es nicht so wäre, hätte ich dann etwa zu euch gesagt, dass ich dorthin gehe, um einen Platz für euch vorzubereiten?" (Johannes 14,1–2; Neue Genfer Übersetzung).

Der Himmel ist greifbar und erfahrbar, schreibt Max Lucado in seinem Buch „3:16 – Zahlen der Hoffnung". Er ist so real wie die Erde in Ihrem Garten, man kann ihn berühren wie die Früchte an Ihrem Obstbaum. Ja, Ihr Garten und seine Früchte werden Ihnen im Himmel möglicherweise sehr vertraut vorkommen!

Wird es im Himmel langweilig sein? Nein, auf keinen Fall. Langeweile wächst auf einem Nährboden, den es im Himmel nicht gibt: dem Boden der Erschöpfung (unsere Augen werden müde), dem Boden geistiger Grenzen (zu viele Informationen auf einmal überfordern uns), dem Boden der Sinnlosigkeit (bedeutungslose Aufgaben rauben uns Energie). Doch Satan wird diesen von Unkraut überwucherten Boden mit in die Hölle nehmen und lässt uns zurück mit einem wachen Geist, unbegrenzter Aufmerksamkeit und bedeutungsvollen Aufgaben, die Gott Ehre bringen.

Ja, im Himmel werden wir Aufgaben übernehmen. Gott gab Adam und Eva die Verantwortung für den Garten (1. Mose 1,26). Er übertrug dem Paar die Herrschaft über die Erde (1,26) und setzte Adam in den Garten, „dass er ihn bebaute und bewahrte" (2,15). Adam und seine Nachkommen werden Gott wieder dienen (Offenbarung 22,3). Und was ist Dienst anderes als verantwortungsvolle Tätigkeit?

Ein Kennzeichen dieser neuen Welt ist Wachstum. „Die Mehrung der Herrschaft und der Friede werden kein Ende haben" (Jesaja 9,6; Schlachter). Neue Planeten? Farben? Musik? Warum nicht!

Die Eigenschaften Gottes werden uns immer mehr zum Staunen bringen. Seine Gnade und Weisheit werden uns mehr und mehr verblüffen. Gott ist von so vielen Wundern umgeben, dass wir eine Ewigkeit brauchen, um sie zu betrachten. Und das ist seine Einladung: „Wenn dann alles bereit ist, werde ich kommen und euch holen, damit ihr immer bei mir seid, dort, wo ich bin" (Johannes 14,3; Neues Leben).

Wird diese Welt untergehen?
Wir gehen oft davon aus, dass Gott dieses Universum zerstören und seine Kinder umsiedeln wird. Aber warum sollte er das tun? Als Gott den Himmel und die Erde erschaffen hatte, freute er sich über sein Werk und bezeichnete es als gut (1. Mose 1).

Seine Erde hat Gott niemals verurteilt, nur die Art und Weise, wie die Menschen mit ihr umgehen. Gott ist ein Gott der Sanierung, nicht der Zerstörung. Er restauriert, repariert und erneuert. Warten Sie es ab, und vertrauen Sie darauf, dass er jeden Quadratzentimeter dieser Erde, der ihm rechtmäßig gehört, erneuern und zurückerobern wird (Matthäus 19,28).

Und was ist dann mit den Verheißungen, dass diese Welt untergehen wird? Petrus und Johannes verwendeten Bilder, die an die zerstörerische Wirkung einer Atombombe erinnern: „Krachend werden dann die Himmel zerbersten, die Elemente werden sich auflösen und im Feuer verglühen, und die Erde wird verbrennen mit allem, was auf ihr ist" (2. Petrus 3,10; Hoffnung für alle), „der vorige Himmel und die vorige Erde waren vergangen" (Offenbarung 21,1; Hoffnung für alle).

Ja, dieser Planet wird zerstört werden, aber nicht im Sinne von „ausgelöscht werden". Unser Körper stellt einen Prototyp dar. Er wird zu Staub zerfallen. Und doch wird der Eine, der Adam aus

Staub gemacht hat, uns genauso neu erschaffen. Jesus wird aus der Zerstörung einen Wiederaufbau machen. Unser vergänglicher Körper wird Unvergänglichkeit „anziehen" (1. Korinther 15,53).

Dasselbe gilt für die Erde. „Die gesamte Schöpfung leidet und stöhnt wie eine Frau in den Geburtswehen" (Römer 8,22; Hoffnung für alle). So wie eine Frau in den Wehen sich nach der Entbindung sehnt, so sehnt sich die Erde nach der Erlösung von der Vergänglichkeit. Wir können die Geburtswehen überall sehen: Überflutungen, Vulkanausbrüche, Erdbeben. Aber Gott wird seinen Kosmos reinigen und wiederaufbauen. Wie einst in Eden, so wird alles wieder makellos sein.

Wie wird es im Himmel aussehen?

Gott lässt uns einen Blick auf unsere zukünftige Heimat erhaschen. Er hat ein Guckloch geschaffen, durch das wir in seine Herrlichkeit schauen können. Dadurch sehen wir zum Beispiel rotgoldene Sonnenuntergänge oder Nachthimmel, an denen die Sterne wie Diamanten funkeln. Appetithappen des Himmels!

Doch nichts davon ist vergleichbar mit Gottes Kronjuwel: dem neuen Jerusalem. Die Bibel beschreibt die ungeheuren Ausmaße dieser Stadt (Offenbarung 21,16): Sie ist umgerechnet vierzigmal so groß wie England und zehnmal so groß wie Frankreich! Die Stadt ist genauso hoch wie breit. Das heißt, wenn man sie sich wie ein Hochhaus vorstellt, ist sie hoch genug für 600.000 Stockwerke und bietet damit ausreichend Platz für Milliarden von Menschen, die kommen und gehen. Die Tore sind niemals geschlossen (21,25). Warum sollten sie auch geschlossen werden? Die Feinde Gottes wurden schließlich verbannt (21,27); Satan wird nicht im Himmel herumlungern wie in Eden (22,3).

Gelegentlich können Sie einen Blick auf Ihr himmlisches Ich erhaschen, etwa wenn Sie Ihrem Baby fröhlich die Windeln wechseln; Ihrem Chef seine Wutausbrüche vergeben; geduldig sind mit Ihrem Ehepartner, der schlechte Laune hat. Auch alle anderen werden im Himmel in Bestform sein. Jetzt beeinträchtigt schlechte Stimmung selbst die besten Familien. Klagen überschatten die sonnigsten Tage. Doch im Himmel wird aller Klatsch und Tratsch verstummen und Neid wird es nicht mehr geben. Niemand wird Ihre Worte mehr anzweifeln, Ihre Motive hinterfragen oder hinter Ihrem Rücken schlecht über Sie reden. Das vollendete Erlösungswerk Christi wird allem Streit und allem Schmerz ein Ende machen.

KAPITEL 7

„Das Haus meines Vaters"

Unterwegs zum Himmel

Kurz bevor Jesus zum Vater zurückkehrte, sagte er: „Habt keine Angst. Ihr vertraut auf Gott, nun vertraut auch auf mich! Es gibt viele Wohnungen im Haus meines Vaters, und ich gehe voraus, um euch einen Platz vorzubereiten. Wenn es nicht so wäre, hätte ich es euch dann so gesagt? Wenn dann alles bereit ist, werde ich kommen und euch holen, damit ihr immer bei mir seid, dort, wo ich bin" (Johannes 14,1–3; Neues Leben).

Ist das nicht eine wunderbare Nachricht? Jesus gibt uns übernatürlichen Frieden: „Habt keine Angst." Er gibt uns einen Ort: „Im Haus meines Vaters gibt es viele Wohnungen." Er gibt uns ein Versprechen: „Ihr werdet dort sein, wo ich bin." Und er gibt uns eine Wegbeschreibung; er verlässt uns nicht, ohne uns den Weg zu zeigen: „Ich bin der Weg, die Wahrheit und das Leben. Niemand kommt zum Vater außer durch mich“ (Johannes 14,6; Neues Leben).

Auf den folgenden Seiten werden Sie einige Geschichten finden, die deutlich machen: Der Tod ist real, ebenso aber auch die Ewigkeit. Die Entscheidung darüber, wie wir hier zu Jesus stehen, bestimmt nicht nur die Qualität unseres irdischen Lebens, sondern auch, wie wir die Ewigkeit verbringen werden.

Komm nach Hause!

Joni Eareckson Tada

Hörst du das Seufzen im Wind? Fühlst du das schwere Schweigen in den Bergen? Spürst du die rastlose Sehnsucht im Meer? Kannst du es in den traurigen Augen eines Tieres erkennen? Es kommt etwas … etwas Besseres.

Seltsam, je älter ich werde, umso jünger fühle ich mich. Je schneller die Zeit vorüberfliegt, umso kostbarer werden die Stunden für mich. An manchen Tagen habe ich das Gefühl, jeden Moment heimgerufen werden zu können. Das gleiche Gefühl hatte ich auch als Kind, wenn ich im Wald hinter unserem Haus spielte. Sobald ich am Spätnachmittag von der Schule nach Hause kam, stellte ich meine Sachen in meinem Zimmer ab und rannte schleunigst zur Hintertür hinaus, um mit meiner Schwester und ein paar Nachbarskindern im Wald Fangen zu spielen. Unsere Stimmen hallten zwischen den hohen Eichen wider. Auch alles andere hallte wider – das Zwitschern der Vögel, das Brummen eines Rasenmähers in der Ferne, das Zuschlagen von Terrassentüren. Wir hatten so viel Spaß beim Spielen, dass eine ganze Stunde vergehen konnte, ohne dass ich es richtig merkte. Erst wenn die Strahlen der untergehenden Sonne lange Schatten durch die Bäume warfen, wurde ich aufmerksam. Dann wussten meine Schwester und ich, dass Mutter uns bald nach Hause rufen würde. Seltsamerweise ging ich nur ganz selten heim, ohne gerufen worden zu sein. Es machte mir immer großen Spaß, Papas oder Mamas Stimme durch die gewölbten Hände meinen Namen rufen zu hören. Gerade wenn ich dachte, jetzt müsste doch bald jemand rufen, vernahm ich gewöhnlich das vertraute Läuten der Essensglocke an der Hintertür. „Das Essen ist fertig … Zeit, nach Hause zu kommen!"

Sonderbar, wie ich immer noch Mutters Stimme höre. Am liebsten würde ich weinen. So war mir auch damals als Kind zumute. Das Echo der Glocke … dieser Ton, der einen bis in den Wald hinein verfolgte, die Freude, die mir schier das Herz zerriss beim Gedanken an meine Lieben daheim … die Geborgenheit innerhalb der Familie … Und im Sommer saßen wir oft nach dem Essen noch im Garten hinter dem Haus und sahen zu, wie die Sonne unterging.

„Seht mal, wie tief sie schon steht!" – „Jetzt ist sie fast verschwunden … nur noch ein ganz kleines Zipfelchen ist zu sehen!" Alle wetteiferten miteinander, wer als Letzter die Sonne sehen würde, ehe sie unterging.

Und dann warteten wir darauf, dass die Sterne erschienen, während wir Lieder sangen und uns gegenseitig die verschiedenen Sternbilder zeigten. Als Kind waren diese Augenblicke für mich der Gipfel der Glückseligkeit. Und heute, als erwachsener Mensch, schaue ich abends noch immer gern zum Himmel empor, weit über den Großen Bären hinaus, singe Himmelslieder und erringe einen Sieg nach dem anderen, bis die Abendschatten dieser Erde dem Morgenlicht der Ewigkeit weichen.

Die meisten Dinge, die meine Seele in der Tiefe berührt haben, waren Töne, die, sobald sie mein Ohr erreichten, schon wieder verklungen waren. Aber der Widerhall jener Essensglocke ist auch heute, viele Jahre später, noch nicht verklungen, sondern schwillt immer mehr zu einem echten, vollen Klang an.

Wahrscheinlich können wir das alle nachempfinden. Wenn diese kurzen, flüchtigen Eindrücke, die so vielversprechend waren, aber nie ganz befriedigt werden konnten, eine vollständigere Erfüllung finden, während wir älter werden – dann wissen wir, dass wir das, wonach wir uns die ganze Zeit gesehnt haben, endlich finden durften. Ohne den geringsten Zweifel können wir dann sagen: „Hier ist endlich das, wofür ich geschaffen wurde … Hier ist die Heilung des alten Schmerzes." Deshalb wird für mich persönlich das Echo immer lauter. Es wirft den vollen, tiefen Klang des Einen zurück, der, nicht mehr weit entfernt, mir zuruft, nach Hause zu kommen.

Flüchtig sind hier unsre Stunden und Tage,
bald ist die Arbeit getan.
Sieh, wie im Westen die Schatten sich mehren!
Bald bricht die Ewigkeit an.
Komm heim, komm heim.
Seele, vernimm es, komm heim!
Horch, wie dein Heiland dich flehentlich ruft.
Gib ihm dein Herz, komm heim!

Jonathans Ei

Ida Kempel

Jonathan Förster war körperlich und geistig leicht behindert zur Welt gekommen. Als er zwölf Jahre alt war, ging er mit viel jüngeren Kindern zusammen in eine Klasse. Es hatte den Anschein, dass er einfach nicht lernen konnte. Oft brachte er seine Lehrerin Doris Müller schier zur Verzweiflung, wenn er sich auf seinem Stuhl hin und her wand, vor sich hin stierte und dabei grunzende Geräusche von sich gab …

Es gab allerdings auch Augenblicke, in denen Jonathan

klar und deutlich sprach – gerade so, als sei ein Lichtstrahl in die Dunkelheit seines Verstandes gedrungen. Die meiste Zeit jedoch empfand es Doris als ausgesprochen unbefriedigend, Jonathan zu unterrichten. Eines Tages rief sie seine Eltern an und bat sie zu einem Gespräch in die Schule.

Als das Ehepaar schließlich in dem leeren Klassenraum schweigend vor ihr saß, eröffnete Doris ihm: „Jonathan gehört eigentlich in eine Sonderschule. Es ist nicht fair ihm gegenüber, dass er immer mit viel jüngeren Kindern zusammen sein muss, die zudem keine Lernprobleme haben. Schließlich ist er drei Jahre älter als alle seine Mitschüler!"

Frau Förster weinte leise in ihr Taschentuch, während ihr Mann das Wort ergriff. „Frau Müller", sagte er zögernd, „es gibt hier in der Nähe keine derartige Schule. Für Jonathan wäre es ein furchtbarer Schock, wenn wir ihn aus seiner gewohnten Umgebung herausreißen müssten. Ich weiß, dass es ihm hier in dieser Schule sehr gut gefällt."

Nachdem beide gegangen waren, saß Doris noch lange auf ihrem Platz am Fenster und starrte hinaus auf den neu gefallenen Schnee. Seine Kälte schien langsam in ihr Herz hineinzukriechen. Einerseits empfand sie Mitleid mit den Försters. Schließlich hatten sie nur dieses eine Kind und das war unheilbar krank. Aber andererseits war es einfach nicht zu verantworten, Jonathan in dieser Klasse zu belassen. Außer ihm hatte sie ja noch 14 andere Kinder zu unterrichten, für die seine Anwesenheit nur eine ständige Ablenkung bedeutete. Außerdem – er würde sowieso nie lesen und schreiben lernen. Warum also sollte sie sich noch länger abmühen und ihre Zeit mit ihm verschwenden?

Während Doris so über die ganze Situation nachdachte, wurde sie plötzlich von einem starken Schuldgefühl überfallen. „O Gott", sagte sie halblaut, „ich sitze hier und klage, während meine Probleme doch gar nichts sind im Vergleich zu denen dieser armen Familie! Bitte hilf mir, mehr Geduld mit Jonathan zu haben!“

Von nun an gab sie sich alle Mühe, Jonathans Geräusche und seine stierenden Blicke einfach zu ignorieren. Eines Tages humpelte er plötzlich auf ihr Pult zu, wobei er sein lahmes Bein hinter sich herzog. „Ich liebe Sie, Frau Müller!“, rief er – laut genug, dass die ganze Klasse es hören konnte. Die Kinder kicherten und Doris bekam einen roten Kopf.

„Also“, stammelte sie, „das ist ja sehr schön, Jonathan. Aber setz dich jetzt bitte wieder auf deinen Platz!“

Der Frühling kam und die Kinder unterhielten sich angeregt über das bevorstehende Osterfest. Doris erzählte ihnen die Geschichte von der Auferstehung Jesu, und um den Gedanken des hervorkeimenden neuen Lebens zu illustrieren, gab sie abschließend jedem Kind ein großes Plastikei. „Hört zu“, sagte sie, „ich möchte, dass ihr das Ei mit nach Hause nehmt und es morgen wieder mitbringt – mit etwas darin, das für neues Leben steht. Habt ihr mich verstanden?“

„Na klar, Frau Müller!“, riefen die Kinder begeistert – alle außer Jonathan. Er hörte aufmerksam zu, seine Augen unverwandt auf ihr Gesicht geheftet. Nicht einmal seine gewohnten Grunzlaute waren zu hören.

Ob er wohl begriffen hatte, was sie über den Tod und die Auferstehung Jesu gesagt hatte? Und verstand er, welche Aufgabe sie den Kindern gestellt hatte? Vielleicht sollte sie lieber seine Eltern anrufen und es ihnen erklären.

Als Doris am späten Nachmittag nach Hause kam, stellte sie fest, dass der Abfluss in ihrer Küche verstopft war. Sie rief den Hausbesitzer an und wartete dann eine volle Stunde, bis er endlich kam und die Sache in Ordnung brachte. Anschließend musste sie noch einkaufen, bügeln und einen Vokabeltest für den nächsten Tag vorbereiten. So kam es, dass sie den Anruf bei Jonathans Eltern völlig vergaß …

Am folgenden Morgen stürmten ihre 15 Kinder aufgeregt in den Klassenraum, um den großen Weidenkorb auf dem Tisch ihrer Lehrerin mit den mitgebrachten Plastikeiern zu füllen. Aber erst nach der Mathematikstunde durften die Eier geöffnet werden.

Im ersten Ei befand sich eine Blume. „O ja", sagte Doris, „eine Blume ist wirklich ein Zeichen neuen Lebens. Wenn die ersten grünen Spitzen aus der Erde ragen, wissen wir, dass es Frühling wird." Ein kleines Mädchen in der ersten Reihe winkte heftig mit der Hand. „Das ist mein Ei, Frau Müller, das ist meins!", rief es dabei laut.

Das nächste Ei enthielt einen Plastikschmetterling, der richtig lebensecht aussah. Doris hielt ihn in die Höhe. „Wir wissen alle, dass aus einer hässlichen Raupe ein wunderschöner Schmetterling wird. Ja, auch das ist ein Zeichen für neues Leben." Die kleine Judith lächelte stolz und sagte: „Das ist von mir, Frau Müller."

Als Nächstes fand Doris einen Stein, mit Moos bewachsen. Sie erklärte der Klasse, dass Moos ebenfalls ein Beweis für Leben sei. Willi aus der letzten Reihe meldete sich zu Wort. „Mein Papa hat mir beim Suchen geholfen!", verkündete er strahlend.

Doris öffnete nun das vierte Ei – es war merkwürdig leicht – und holte tief Luft: Das Ei war leer. *Das ist bestimmt das Ei von Jonathan,* dachte sie. *Natürlich hat er nicht verstanden, was er damit machen sollte. Hätte ich doch bloß nicht vergessen, seine Eltern anzurufen!* Und weil sie ihn nicht in Verlegenheit bringen wollte, legte sie dieses Ei, ohne ein Wort zu sagen, beiseite und griff nach dem nächsten.

Da meldete sich plötzlich Jonathan. „Frau Müller", sagte er, „wollen Sie denn nicht über mein Ei sprechen?" Verwirrt gab Doris zurück: „Aber, Jonathan – dein Ei ist ja leer!" Er sah ihr offen in die Augen und meinte leise: „Ja, aber das Grab Jesu war doch auch leer!"

Eine ganze Weile sprach niemand ein Wort. Als die Lehrerin sich endlich wieder gefangen hatte, fragte sie: „Jonathan, weißt du denn, warum das Grab leer war?"

„O ja", gab er zur Antwort, „Jesus wurde getötet und ins Grab gelegt. Aber dann hat ihn sein Vater wieder lebendig gemacht!"

Die Pausenglocke schrillte. Während die Kinder nach draußen auf den Schulhof stürmten, saß Doris wie betäubt da und hatte Tränen in den Augen. Das Eis, das sich in ihrem Herzen befand, begann zu schmelzen. Dieser zurückgebliebene, rätselhafte Junge hatte die Wahrheit der Auferstehung besser verstanden als alle anderen Kinder.

Drei Monate später war Jonathan tot. Die Leute, die in die Friedhofskapelle kamen, um von dem Entschlafenen Abschied zu nehmen, wunderten sich nicht wenig: Oben auf seinem Sarg lagen 15 leere Eierschalen.

„Und nun, liebe Brüder und Schwestern, möchten wir euch nicht im Unklaren darüber lassen, was mit den Christen ist, die schon gestorben sind. Ihr sollt nicht trauern wie die Menschen, denen die Hoffnung auf das ewige Leben fehlt. Wir glauben doch, dass Jesus gestorben und auferstanden ist. Darum vertrauen wir auch darauf, dass Gott alle, die im Glauben an Jesus Christus gestorben sind, auferwecken wird. Wenn er kommt, werden sie dabei sein. Denn das hat uns der Herr ganz gewiss zugesagt: Wir, die beim Kommen des Herrn noch am Leben sind, werden gegenüber den Toten nichts voraushaben. Auf den Befehl Gottes werden die Stimme des höchsten Engels und der Schall der Posaune ertönen, und Christus, der Herr, wird vom Himmel herabkommen. Als Erste werden die auferstehen, die im Glauben an Christus gestorben sind. Dann werden wir, die wir zu diesem Zeitpunkt noch leben, mit ihnen

zusammen unserem Herrn auf Wolken entgegengeführt, um ihm zu begegnen. So werden wir für immer bei ihm sein. Tröstet euch also gegenseitig mit dieser Hoffnung“ (1. Thessalonicher 4,13–18; Hoffnung für alle).

Welche Auswirkungen Jesu Tod und Auferstehung auf unser eigenes Leben und unseren eigenen Tod hat

Rick Warren

Viele sagen: „Ich verstehe die Sache mit der Auferstehung zwar nicht, aber ich glaube daran.“ Der Meinungsforscher George Gallup stellte fest, dass 84 Prozent der Menschen, die nicht zur Kirche gehen, glauben, dass Jesus von den Toten auferstanden ist. Es ist eine historische Tatsache; es geschah nicht im Verborgenen. Die ganze Stadt Jerusalem und das gesamte Römische Reich wussten davon. Die Nachricht verbreitete sich wie ein Lauffeuer. Hätte es damals schon Fernsehen gegeben, dann wären auf allen Kanälen Sondersendungen ausgestrahlt worden!

Es gibt mindestens 15 historische Belege dafür, dass Jesus nach seiner Kreuzigung Menschen getroffen, berührt und mit ihnen geredet hat. Einmal machte er für eine kleine Gruppe Frühstück. Ein andermal sprach er zu 500 Personen gleichzeitig. Viele Menschen sahen ihn.

Jesus ist auferstanden. Er ist alles, was er zu sein behauptet. Er hat die Kraft, von der er sagt, dass er sie hat. Er hält alle Versprechen, die er gibt. Doch warum ist die Auferstehung so wichtig? Was ist durch sie anders geworden? Was hat sie bewirkt? Sie verändert etwas für uns, und zwar drei Dinge:

Meine Vergangenheit kann vergeben werden

Das ist eine gute Nachricht. Hatten Sie jemals ein Projekt halb fertig und wünschten sich, Sie könnten noch einmal von vorn anfangen? Viele Menschen wünschen sich das für ihr Leben. Sie stecken mittendrin und wünschten, sie könnten noch einmal von vorn anfangen. Wir alle haben Dinge getan, von denen wir wünschten, wir hätten sie nicht getan. Dinge gesagt, von denen wir wünschten, wir hätten sie nicht gesagt. Dinge gedacht, von denen wir wünschten, wir hätten sie nicht gedacht. Wir alle bereuen Dinge. Wir alle fühlen uns schlecht wegen mancher Sachen. Wir alle haben uns schuldig gemacht.

Doch die gute Nachricht ist, dass in der Bibel steht: „Gott hat uns alle unsere Verfehlungen vergeben. Den Schuldschein, der auf unseren Namen ausgestellt war und dessen Inhalt uns anklagte, weil wir die Forderungen des Gesetzes nicht erfüllt hatten, hat er für nicht mehr gültig erklärt. Er hat ihn ans Kreuz genagelt und damit für immer beseitigt“ (Kolosser 2,13–14; Neue Genfer Übersetzung).

Das ist Gottes Vergebungsprogramm. Jesus hat alles ans Kreuz genagelt. Er hat für meine Schuld bezahlt. Das bedeutet, dass ich nicht dafür zahlen muss. Er hing am Kreuz, weil ich Sachen falsch gemacht habe. Jesus Christus wurde ans Kreuz genagelt, damit ich aufhören kann, mich selbst ans Kreuz zu nageln. Er will Ihnen Ihre Vergangenheit vergeben. Er will jede Schuld tilgen, die Sie irgendjemandem schuldig sind.

Meine gegenwärtigen Probleme können gelöst werden

Die häufigste Klage, die mir zu Ohren kommt, ist: „Ich habe mein Leben nicht mehr im Griff!" Was Sie brauchen, ist eine Kraft, die die Ihre übersteigt. Es war niemals so gedacht, dass Sie dieses Leben aus eigener Kraft meistern. Gott möchte Ihnen dabei helfen und beginnt damit, dass er Sie zu einer Beziehung mit ihm einlädt. In seinem Brief an die Gemeinde in Ephesus schreibt der Apostel Paulus: „Ich bete, dass eure Herzen hell erleuchtet werden, damit ihr die wunderbare Zukunft, zu der er euch berufen hat, begreift und erkennt, welch reiches und herrliches Erbe er den Gläubigen geschenkt hat. Ich bete, dass ihr erkennen könnt, wie übermächtig groß seine Kraft ist, mit der er in uns, die wir an ihn glauben, wirkt. Es ist dieselbe gewaltige Kraft, die auch Christus von den Toten auferweckt und ihm den Ehrenplatz an Gottes rechter Seite im Himmel gegeben hat" (Epheser 1,18–20; Neues Leben).

Dieselbe Kraft, die Jesus befähigt hat, sich vom Tod zu erheben, wird auch Sie befähigen, sich über Ihre Probleme zu erheben! Dieselbe Kraft, die Gott vor über 2.000 Jahren bei der Auferstehung gebraucht hat, kann er heute in Ihrem Leben gebrauchen! Sie wissen nicht, was die Zukunft für Sie bereithält, ich ebenfalls nicht. Ich weiß nicht, was nächstes Jahr passieren wird oder nächsten Monat oder nächste Woche. Ich weiß nicht, was morgen sein wird, und Sie auch nicht. Aber das macht nichts. Denn obwohl es außerhalb meiner Kontrolle liegt, liegt es nicht außerhalb der Kontrolle Gottes. Er wird mir die Kraft dafür geben. Paulus hat dies erkannt: „Alles kann ich durch Christus, der mir Kraft und Stärke gibt" (Philipper 4,13; Hoffnung für alle).

„Ich möchte dir helfen", sagt Gott. „Gib nicht auf!" Kein Problem ist für Gott zu groß. Keine Situation ist hoffnungslos, wenn Sie sie ihm anvertrauen. „Ich kann alles durch die Kraft des positiven Denkens"? Nein, das steht dort nicht. „Ich kann alles, weil ich mich innerlich gewappnet habe"? Nein. „Ich kann alles durch die Kraft Christi, der in mir lebt."

Ich kann Gewissheit über meine Zukunft haben

Der Tod ist ein universales Problem. Machen wir uns nichts vor: Jeder Mensch stirbt. Ich werde eines Tages sterben und Sie auch. Nur ein Narr würde durchs Leben gehen, ohne sich auf das vorzubereiten, von dem er weiß, dass es unvermeidlich ist. Aber manchmal sind wir mit dem Hier und Jetzt so beschäftigt, dass wir nicht innehalten, um über das nachzudenken, was auf uns zukommt.

Die Menschen sprechen nicht gern über den Tod. Wenn Sie mir nicht glauben, laden Sie doch mal ein paar Freunde ein, servieren Sie Kaffee und Kuchen, und sagen Sie dann: „Lasst uns doch mal über den Tod reden!" Und dann schauen Sie, was passiert.

Die Internetplattform „U.S. News & World Record" veröffentlichte eine Titelgeschichte zum Thema „Das Wiederentfachen der Hölle". Darin heißt es, dass heute mehr Amerikaner als jemals zuvor an die Existenz von Himmel und Hölle glauben. Warum? Weil die Menschen sich die Frage stellen: „Was geschieht nach dem Tod?"

Es gibt so viele Missverständnisse über den Himmel. Die meisten davon sind das Resultat von Filmen und Büchern mit einer schlechten Theologie. Sie sind voller niedlicher Ideen, wie Menschen sich den Himmel vorstellen. Doch wie wird es dort wirklich sein? Um zuverlässige Informationen zu bekommen, geht man am besten zur Quelle. Was sagt Gott darüber, wie es wirklich im Himmel und in der Hölle ist?

Zuallererst: Der Himmel ist ein vollkommener Ort. Vollkommene Liebe, vollkommener Frieden, vollkommene Freude. Alles ist perfekt. Keine Sünde, keine Fehler, nichts Böses, nichts Schlechtes, keine Irrtümer. Alles ist in jeder Hinsicht vollkommen.

Das Zweite, was die Bibel über den Himmel sagt, ist, dass *Sie* vollkommen sein müssen, um dorthin zu kommen, denn im Himmel kann es nur Vollkommenes geben. Vielleicht sagen Sie jetzt: „Na, vielen Dank. Dann wohl ohne mich!" Verstehe. Geht mir genauso. Sie sagen: „Wenn ich perfekt sein muss, schaffe ich es nie dorthin." Genau! Das ist der Punkt. Ich schaffe es auch nicht. Keiner von uns schafft es, denn keiner von uns ist perfekt. Wir alle haben Fehler gemacht.

Die Bibel erklärt, dass es zwei Möglichkeiten gibt, in den Himmel zu kommen. Plan A beinhaltet unsere eigenen Verdienste. Das ist der Leistungsplan. Um sich den Himmel zu verdienen, ist lediglich Folgendes nötig: niemals zu sündigen und das ganze Leben lang das Richtige zu tun. Kurz gesagt: perfekt zu sein.

Da niemand von uns in der Lage ist, sich für Plan A zu qualifizieren, hat Gott Plan B bereitgestellt, der folgendermaßen aussieht: Sie setzen Ihr Vertrauen auf Jesus, der gesagt hat: „Ich bin der Weg, ich bin die Wahrheit, und ich bin das Leben" (Johannes 14,6; Hoffnung für alle). Jesus war der einzige vollkommene Mensch, der jemals gelebt hat, denn er war Gott. Er kam, um uns zu zeigen, wie Gott ist. Und indem wir ihm unser Leben anvertrauen und in Beziehung mit ihm leben, bekommen wir Anteil an seiner Vollkommenheit.

Mein Freund Ron schenkte seinem jüngsten Sohn zum Geburtstag einen Besuch auf dem Rummelplatz. Sein Sohn lud sechs Jungen ein mitzukommen. Ron kaufte genügend Tickets für alle Attraktionen und bei jedem Karussell zog er sieben davon aus der Tasche und gab jedem Kind eines. Als sie zum Riesenrad kamen, stand plötzlich ein achtes Kind da und streckte die Hand aus.

„Wer bist du denn?", fragte Ron.

Das Kind antwortete: „Ich bin Johnny."

„Und wer bist du, Johnny?", entgegnete Ron.

Johnny erklärte: „Ich bin der neue Freund von Ihrem Sohn, und Ihr Sohn hat gesagt, Sie würden mir ein Ticket geben!"

„Was denkst du?", fragte Ron mich. „Habe ich ihm ein Ticket gegeben? Oh ja, das habe ich getan." Wenn Sie in den Himmel kommen, werden Sie sagen: „Gott, ich kann nicht in den Himmel, weil ich es mir verdient hätte. Ich kann nur deshalb in den Himmel kommen, weil ich ein Freund von Jesus bin." Im Johannesevangelium steht: „Das allein ist ewiges Leben: dich, den einen wahren Gott, zu erkennen, und Jesus Christus, den du gesandt hast" (Johannes 17,3; Hoffnung für alle).

Das wird Ihnen in der Bibel versprochen: Durch seinen Tod und seine Auferstehung hat Jesus Ihr Ticket in den Himmel bezahlt.

Der Himmel – unsere Heimat

Prof. Dr.-Ing. Werner Gitt

„Er hat alles schön gemacht zu seiner Zeit, auch hat er die Ewigkeit in ihr Herz gelegt" (Prediger 3,11; Luther). Das Zeugnis aller Völker und Kulturen bestätigt dieses Wort der Bibel. Ohne göttliche Offenbarung aber liegt über dieser Ewigkeit ein geheimnisvoller Schleier – es bleibt immer nur bei der Ahnung.

Die verschiedenen Völker haben dieses Unbekannte mit den Gedankenvorstellungen ihrer jeweiligen Lebensräume bunt ausgemalt. So stellten sich die jagenden Indianer die Ewigkeit als einen Jagdgrund mit unermesslichem Wildreichtum vor. Mohammed (um 570–632) hingegen zeichnete ein Paradies, das ganz und gar auf den Geschmack eines arabischen Wüstenbewohners abgestimmt war. Hermann Löns (1866–1914), der bekannte Dichter aus der Lüneburger Heide, schrieb ein Lied der Sehnsucht, in dem er seine Ahnung der Ewigkeit in bewegende Worte fasste:

Ich weiß ein Land, in dem ich niemals war;
Da fließt ein Wasser, das ist silberklar,
Da blühen Blumen, deren Duft ist rein,
Und ihre Farben sind so zart und fein …

Auch singt ein Vogel in dem fernen Land,
Er singt ein Lied, das ist mir unbekannt;
Ich hört' es nie und weiß doch, wie es klingt,
Und weiß es auch, was mir der Vogel singt;
Das Leben singt er, und er singt den Tod,
Die höchste Wonne und die tiefste Not,
Jedwede Lust und jeglich Herzeleid,
Die Lust der Zeit, das Weh der Ewigkeit …

Erreiche ich das ferne, fremde Land,
Dann blüht das Lebensmal in meiner Hand;
Wenn nicht, dann sang der Vogel nur von Tod,
Sang mir ein Leben, bitter und voll Not.

All unsere Träume, unsere Sehnsüchte und unsere Vorstellungskraft reichen nicht aus, um das Wesen des Himmels zu beschreiben. Darum sind wir von dem abhängig, was Gott uns offenbart hat. In 1. Korinther 2, Vers 9 (Luther) wird deutlich, dass wir es dort mit einer „Welt" zu tun haben, die nicht nur jenseits von Raum und Zeit liegt, sondern auch jenseits von allem, was wir von der Erde her kennen: „Was kein Auge gesehen hat und kein Ohr gehört hat und in keines Menschen Herz gekommen ist, was Gott bereitet hat denen, die ihn lieben." Der Übergang vom Glauben zum Schauen sprengt jede irdische Fantasie. Als die Königin von Saba den Reichtum und die Pracht Salomos sah, bekannte sie staunend: „Nicht die Hälfte hat man mir gesagt" (1. Könige 10,7; Luther). Wenn das schon für Irdisches galt, wie viel mehr gilt es für Himmlisches!

Würde jemand alle Schätze und Reichtümer der Welt sowie Ehre, Titel und Würden besitzen, bliebe am Ende doch nichts übrig. Nichts kann das Herz füllen, es bleibt trotz aller irdischen Schätze leer, betrogen und heimatlos, wenn es nicht in Jesus Christus das unvergängliche Leben gefunden hat. Gott hat uns von seiner Schöpfungsordnung her auf Heimat angelegt und die endgültige Heimat ist bei ihm selbst. In dieser vergänglichen Welt haben wir „keine bleibende Stadt" (Hebräer 13,14; Luther). Wir bleiben hier „Fremdlinge und Pilger" (1. Petrus 2,11; Luther), denn wir „haben unsere Heimat im Himmel" (Philipper 3,20; Hoffnung für alle). Die Bibel erklärt uns den Himmel als den Ort der ewigen Heimat.

Die Situation des Menschen ist erschreckend, wenn er keine Bleibe hat und ihm jede Geborgenheit genommen ist. Selbst der nihilistische Philosoph Friedrich Nietzsche (1844–1900), der erklärte: „Gott ist tot", beklagte die Heimatlosigkeit wie kaum ein anderer:

Die Welt – ein Tor
zu tausend Wüsten stumm und kalt!
Wer das verlor,

was du verlorst, macht nirgends halt.
Nun stehst du bleich,
zur Winter-Wanderschaft verflucht,
dem Rauche gleich.
Der stets nach kältern Himmeln sucht …
Weh dem, der keine Heimat hat!

Hier auf der Erde ist Heimat dort, wo wir geboren und aufgewachsen sind, wo wir die Muttersprache erlernt und die Geborgenheit liebender Eltern erlebt haben. Ich wurde in Raineck, einem sehr kleinen Dorf im östlichsten Teil des damaligen nördlichen Ostpreußens geboren. Dort erlebte ich auf dem elterlichen Bauernhof eine unbeschwerte und schöne Kindheit. Doch im Oktober 1944 mussten wir mit Pferd und Wagen diese angestammte Heimat verlassen, weil die Rote Armee unaufhaltsam westwärts stürmte.

Seit Kriegsende gehörte dieser Teil des früheren Ostpreußens zu Russland. Er war von der Sowjetunion zum militärischen Sperrgebiet erklärt worden, und keinem Deutschen war es möglich, in diese Gegend zu reisen. Doch mit dem Zusammenbruch des Kommunismus öffneten sich die Tore für Besucher. Zweimal waren wir – mein Übersetzer und einige Freunde – dort, um in Königsberg und anderen Orten Jesus Christus zu verkündigen. An einem freien Tag, dem 9. Mai 1994 – also fast genau 50 Jahre nach der Flucht –, wollten wir meinen Heimatort Raineck aufsuchen, der etwa 125 Kilometer östlich von Königsberg liegt. Was wir sahen, war traurig: Nicht ein einziger Stein ist von dem Dorf übrig geblieben. Uns bot sich nur Einöde und verwilderte Steppe.

Als am nächsten Tag die christliche Veranstaltungsreihe im „Eisenbahnerpalast" fortgesetzt wurde, sagte ich zu meinen russischen Zuhörern: „Gestern waren wir an jenem Ort, wo ich geboren wurde und meine ersten sieben Lebensjahre verbrachte. Dieser Ort war meine Heimat. Nun aber ist er es nicht mehr. Jetzt wohnt ihr in diesem Land. Doch auch für euch ist es keine bleibende Heimat. Mit dem Tod werdet ihr dieses Land endgültig verlassen müssen. Im November 1972 habe ich mein Leben an Jesus Christus gebunden und er hat mir eine ewige Heimat geschenkt. Darum: Trefft auch ihr heute eine Entscheidung für diesen Jesus, der für euch einen ewigen Heimatort bereitet hat!"

Wenn die Bibel von der ewigen Heimat spricht, ist das mehr als der Ort, den wir mit unseren Jugenderinnerungen, unserem Elternhaus, mit Heimatmusik oder den Besonderheiten einer uns vertrauten Landschaft verbinden. Denn alle diese irdischen Aspekte sind vergänglich. Was aber sind die Kennzeichen des ewigen Heimatortes? Anhand einiger Wesensmerkmale möchte ich dies veranschaulichen:

Ein Ort des erfüllten Lebens. Jesus kennt die innere und äußere Not der Menschen: „Und als er das Volk sah, jammerte es ihn; denn sie waren verschmachtet und zerstreut wie die Schafe, die keinen Hirten haben" (Matthäus 9,36; Luther). Gerade hier will er ansetzen. In Johannes 10,10 (Luther) wird der Hauptgrund seines Kommens genannt: „Ich bin gekommen, damit sie das Leben und volle Genüge haben sollen." Schon hier auf der Erde ändert Jesus mit der Entscheidung für ein Leben im Vertrauen auf ihn unseren Lebensbezug so gründlich, dass wir deutlich zwischen altem und neuem Leben unterscheiden können (Römer 6,4; Kolosser 2,6; 1. Petrus 4,3). Im Himmel aber kommt unser Leben zur Vollendung. Dort werden wir erstmals erfahren, was echte Lebensqualität bedeutet. Ein Kritiker sagte einmal, er habe keine Lust, zehntausend Jahre auf einer Wolke zu sitzen und Harfe zu spielen. Das sind selbst gemalte Bilder einer Ewigkeit, die die Bibel an keiner Stelle so beschreibt. Der Himmel ist Leben im Überfluss. Mangel, Leid, Krankheit und Tod sind dort Fremdwörter, denn es gibt nichts mehr zu verbessern. Auch Langeweile ist unbekannt, da der Himmel vollkommen ist und erfülltes Leben bietet.

Während die Hölle auch als ein Ort bleibender unerfüllter Sehnsüchte und Träume bezeichnet werden kann, wird es im Himmel keine Sehnsucht mehr geben. Jedoch nicht in dem Sinn, dass sich alle unsere irdischen Sehnsüchte dort erfüllen werden. Sondern vielmehr so, dass uns der ganze Reichtum des Himmels zuteilwird, den wir uns jetzt noch gar nicht vorstellen können.

Ein Ort mit einer Wohnung für uns. Die Architekten dieser Welt erdenken sich immer wieder neuartige Konstruktionen. Das Atomium in Brüssel ist beispielsweise in Anlehnung an die Struktur eines einzelnen Eisenkristalls gestaltet. Und Jørn Utzon, der Architekt des *Sydney Opera House*, ließ sich von einer geschälten Apfelsine inspirieren. Ein anderer Architekt schrieb: „Die Architektur vereint künstlerischen Anspruch und technische Perfektion. Die Sehnsucht nach dem Ewigen hat nicht nur in der Vergangenheit so manchen bautechnischen Fortschritt inspiriert."

In der Ewigkeit werden wir eine Wohnung beziehen, deren Architekt Jesus ist. Was er, der Schöpfer dieser Welt, gestaltet, wird etwas sein, das sich kein irdischer Architekt auch nur im Traum vorstellen kann. Im Gespräch mit seinen Jüngern sagte Jesus: „In meines Vaters Hause sind viele Wohnungen. Wenn's nicht so wäre, hätte ich dann zu euch gesagt: Ich gehe hin, euch die Stätte zu bereiten? Und wenn ich hingehe, euch die Stätte zu bereiten, will ich wiederkommen und euch zu mir nehmen, damit ihr seid, wo ich bin" (Johannes 14,2–3; Luther). Wenn schon keine Schneeflocke einer anderen gleicht und jedes Eichenblatt eine einmalige und nicht wiederholbare Kreation ist, wie viel mehr gilt das für die von Jesus gebauten Wohnungen! Wiederholungen gibt es nicht; alles ist individuell auf den Bewohner zugeschnitten. Immer und ewig haben wir dort einen Platz.

Ein Ort, an dem Jesus ist. Im Leben gibt es manche historischen Begegnungen mit weitreichenden Folgen. Am einschneidendsten ist es jedoch, wenn ein Mensch Gott begegnet. Bei Jesus Christus findet er das Leben, das ewig währt. Die Bibel nennt uns viele solcher Beispiele. So erlebte Zachäus, der Chefzöllner von Jericho, den Durchbruch vom Gauner zum Kind des Heils (Lukas 19,1–10). Der Finanzminister von Äthiopien suchte Gott in Jerusalem und fand ihn in der Wüste (Apostelgeschichte 8,26–39). Saulus wurde durch die Begegnung mit Jesus vom Christenverfolger zum größten Missionar aller Zeiten (Apostelgeschichte 26,12–18).

Wer heute die Begegnung mit Jesus wagt, gewinnt die ewige Heimat. In dem bekannten hohepriesterlichen Gebet bittet Jesus den Vater: „Vater, ich will, dass, wo ich bin, auch die bei mir seien, die du mir gegeben hast, damit sie meine Herrlichkeit sehen" (Johannes 17,24; Luther). Im Himmel erfüllt sich dieses Gebet. Wir werden allezeit bei ihm im Vaterhaus Gottes sein.

Ein Ort, an dem die Sonne nicht untergeht. In der Gegenwart Gottes und Jesu „wird keine Nacht mehr sein" (Offenbarung 22,5; Luther). Wir benötigen dort keinen Schlaf – also gibt es im Himmel auch keine Betten. Ewig wird die Sonne scheinen. Es ist aber kein Himmelskörper, der sein Licht sendet, und keine geschaffene Sonne, die in Ewigkeit strahlt, sondern „die Herrlichkeit Gottes erleuchtet sie, und ihre Leuchte ist [Jesus,] das Lamm [Gottes]" (Offenbarung 21,23; Luther).

Jesaja sah prophetisch die ewige Sonne in Gottes himmlischer Welt: „Die [jetzige] Sonne soll nicht mehr dein Licht sein am Tage, und der Glanz des Mondes soll dir nicht mehr leuchten, sondern der HERR wird dein ewiges Licht und dein Gott wird dein Glanz sein. Deine Sonne wird nicht mehr untergehen" (Jesaja 60,19–20; Luther).

Ein Ort, an dem wir Jesus gleich sind. Ich wage es kaum auszusprechen, aber es steht in 1. Johannes 3, Vers 2 (Luther) geschrieben: „Meine Lieben, wir sind schon Gottes Kinder; es ist aber noch nicht offenbar geworden, was wir sein werden. Wir wissen aber: wenn es offenbar wird, werden wir ihm gleich sein."

Was bedeutet das? Von Jesus sagt die Bibel: „Er ist der Abglanz seiner [Gottes] Herrlichkeit und das Ebenbild seines Wesens" (Hebräer 1,3; Luther). Wenn wir im Himmel Jesus gleich sein werden, kann man daraus schließen: Wir werden so umgestaltet, dass auch wir der Abglanz der Herrlichkeit Gottes und das Ebenbild seines Wesens sind.

Zwar wird jeder eine eigenständige Persönlichkeit sein, aber die qualitativen physischen Merkmale (Schönheit, Herrlichkeit, Gestalt, körperliche Vollkommenheit) werden mit denen von Jesus übereinstimmen (Philipper 3,21). Unser Körper wird zum Beispiel nicht mehr raum- und zeitgebunden sein (Johannes 20,19).

Gelegentlich treffen wir hier auf der Erde Menschen, mit denen wir gedanklich in vielen Punkten übereinstimmen. Dann werden Gespräche zu einem Erlebnis und die Zeit vergeht wie im Flug. Das Gesagte wirkt stimulierend und bereichernd und führt zu neuen Erkenntnissen, auf die wir ohne den Hinweis des anderen nicht gekommen wären.

Im Himmel werden wir mit Jesu Gedanken völlig eins sein und die Kommunikation mit ihm wird ein wichtiges kreatives Element sein. Auch wenn alle unsere irdischen Fragen längst beantwortet sind, wird es dennoch Neues zu denken geben – und zwar unbegrenzt! So wie wir hier lieb gewonnene Menschen mehr und mehr kennenlernen wollen, werden wir dort darauf aus sein, den unerforschlichen Reichtum Gottes (Jesaja 40,28) und Jesu (Kolosser 2,3) zu erfassen.

Das Großartige an all dem ist, dass dieser Himmel nicht auf menschlich ersonnenen Wunschvorstellungen beruht, sondern eine von Jesus bezeugte Wirklichkeit ist. Wir alle sind eingeladen, den Himmel zu wählen. Wer sich mit seinem Leben für den Sohn Gottes entscheidet, erhält bereits im Hier und Heute das Bürgerrecht im Vaterhaus Gottes (Epheser 2,19).

....

Der Himmel kann auch Ihre Heimat sein

Wie kommt man in den Himmel? Indem man sein Vertrauen auf Jesus setzt und das eigene Leben seiner liebevollen Führung unterstellt. Gott möchte, dass Sie die Ewigkeit mit ihm im Himmel verbringen. Alles, was er sich von Ihnen wünscht, ist, dass Sie glauben, dass Jesus Christus auf die Erde kam, am Kreuz starb und so die Strafe für Ihre Sünden bezahlte und dann auferstand. Jesus war Gott und Mensch zugleich; deshalb konnte er für die gesamte Menschheit sterben. Wenn Sie das glauben, dann können Sie hier und jetzt Gewissheit haben, dass Sie die Ewigkeit bei Gott verbringen werden.

Wenn Sie diese Wahrheit Gottes für sich annehmen wollen, können Sie das folgende Gebet sprechen:

„Herr, bitte hilf mir, nicht die Ewigkeit zu riskieren! Hilf mir, nicht zu denken, dass ich mich zu einem späteren Zeitpunkt darum kümmern kann, denn es gibt keine Garantie, dass ich später noch die Gelegenheit dazu haben werde. Hilf mir zu glauben, dass du heute zu meinem Herzen gesprochen hast und dies ein entscheidender Moment ist. Komm in mein Herz und reinige mich von aller Sünde. Schaffe in mir ein neues Herz, so wie du ein neues Zuhause für mich im Himmel erschaffen wirst. Und sei bei mir hier auf der Erde und hilf mir, dir nachzufolgen. Amen."

Zukunftsmelodie
Joni Eareckson Tada

Mag mich dieses Leben an den Rollstuhl binden,
die Verzweiflung wird in mir kein Opfer finden.
Anderen mag wohl der Herr
Heilung schenken, mir gab er
eine Gabe ohnegleichen, schwer zu finden.

Denn mir ist der Himmel so nah.
Oft war er alles, was ich sah.
Klang von himmlischem Tanz
erfüllt mich nun ganz.
Man spielt ihn für mich, schon ganz nah …

Denn als Christi Braut werde ich gehn,
erlöst an seiner Seite stehn.
„Tanzen wir?", fragt sein Blick,
und im endlosen Glück
spür ich alle Tränen verwehn.

Ich teile die Freude, die den Geheilten erfüllt,
ich teile den Schmerz, der noch nicht gestillt.
Doch irdische Freude und Leid
sind begrenzt auf irdische Zeit,
und ein größeres Gut hat sein Wort mir enthüllt.

Das Kreuz, das wir in diesem Leben tragen,
gibt uns Anteil am Tod, den Jesus ertragen.
Ein Tag kommt, da nimmt er es fort,
und mit Freude gekrönt stehn wir dort
und werden nach keinem Warum mehr fragen.

Lebensbrücken

Nach einem dramatischen
Ereignis weiterleben

Don Piper

Brücken sind für mich zum Sinnbild für dramatische Veränderungen geworden, nach denen unser Leben nie wieder so sein wird wie früher: ein Unfall, eine Scheidung, der Tod eines Kindes, des Ehepartners, der Eltern … Wenn wir eine solche Lebensbrücke überquert haben, ist das Leben nicht mehr so wie vorher, und auch wir werden nie wieder so sein, wie wir früher waren. Das Leben ist auf den Kopf gestellt, aus der Bahn geworfen. Wir möchten gerne zurück, können aber nicht.

Solche Brücken erinnern uns: Das Leben ist nicht immer leicht, was Gott uns auch niemals versprochen hat. Wir freuen uns über die glücklichen Zeiten, aber wir müssen auch den schweren, traurigen ins Auge sehen. Bei positiven Veränderungen braucht uns keiner zu raten, wie wir damit umgehen sollen. Aber wenn die Brücke in schwierige Zeiten führt, brauchen die meisten Menschen eine Hand, an der sie sich festhalten, oder eine Schulter, an die sie sich anlehnen können. Und eine Frage bohrt sich in ihr Herz: Wie finde ich jemals zu einer „neuen Normalität“?

Meine Geschichte begann am 18. Januar 1989. Als ich die Brücke über den Lake Livingston in Texas überquerte, sollte sich mein Leben für immer verändern. An jenem Tag starb ich und kam in den Himmel. Das war keine Nahtoderfahrung. Ich war tatsächlich tot – mindestens 90 Minuten lang stand mein Herz still. Zwei Rettungssanitäter untersuchten meinen leblosen

Körper und erklärten mich für tot, nachdem ein Neunachser meinen Ford Escort mit mir darin zerquetscht hatte.

Unmittelbar nach dem Zusammenprall sah ich kein Licht und schwebte auch nicht durch einen Tunnel. Ich erlebte nichts von dem, was Menschen mit einer Nahtoderfahrung beschreiben. In einem Augenblick lebte ich noch und im nächsten stand ich vor dem Himmelstor. Ich betone das deshalb so, weil manche Menschen nicht glauben können, dass irgendjemand (außer Jesus) in den Himmel und wieder zurück auf die Erde kommen kann. Ich will nicht darüber diskutieren, ich weiß nur, dass ich gestorben bin. Ich kam in den Himmel und erlebte das ehrfürchtige Staunen, die übergroße Freude und absolute Vollkommenheit des Lebens, das die Kinder Gottes erwartet.

Doch nach etwa 90 Minuten erwachte ich wieder auf der Erde – mit unsäglichen Schmerzen. Seit ich diese Brücke überquert habe, bin ich ein anderer Mensch. Seit meinem Unfall musste ich mich vierunddreißig großen Operationen unterziehen, habe dreizehn Monate im Krankenhaus gelegen und zwei Jahre Reha hinter mir. Ich habe Jahre mit meiner Familie und meinen Freunden und einige körperliche Fähigkeiten verloren, die ich nie wiedererlangen werde. Bis heute lebe ich mit unablässigen, wenn auch erträglichen Schmerzen.

Ich könnte den Blick jetzt auf das richten, was ich eingebüßt habe, oder auf die Schmerzen, mit denen ich leben muss. Aber ich habe beschlossen, das nicht zu tun, sondern daran zu denken, dass ich beispielsweise meine Tochter bei ihrer Hochzeit zum Altar führen konnte. Als die Musik einsetzte, drehte Nicole sich zu mir um und sagte: „Papa, ich bin so froh, dass du heute hier bist.“ Persönliches Wachstum bedeutet, dass wir die Vergangenheit eingestehen, die Gegenwart akzeptieren und in die Zukunft schauen.

Zu viele Menschen möchten gerne zurück und in der Vergangenheit leben, aber das ist unmöglich. Obwohl wir das alle wissen, können manche Menschen einfach nicht loslassen. Sie sagen: „Eigentlich hätte es anders sein sollen …" Loslassen kann schwer sein – sehr schwer. Etwas in uns hält uns zurück. Ganz gleich, was unser Verstand uns sagt, unser Herz wünscht sich unser altes Leben zurück.

Eines möchte ich hier besonders hervorheben: Bevor es einen Neuanfang geben kann, muss man das Ende des Alten akzeptieren. Dazwischen liegt meistens eine sehr wichtige Zeit der Leere. In dieser Zeit versuchen wir zu verstehen, was uns widerfahren ist, besonders, wenn es ohne Vorwarnung kam.

Im Krankenhaus hatte ich dazu monatelang Zeit. Ich verstand weder die Ursache, noch hatte ich die leiseste Ahnung, was nach dem Krankenhaus kommen würde. Ich ging durch eine Zeit der Leere. Ich wusste, wer ich einmal gewesen war, aber ich wusste nicht, wer ich in Zukunft sein würde. Doch wenn wir durchhalten und daran wachsen, werden wir später einmal zurückschauen und diese Zeit als einen positiven Meilenstein erkennen. Diesen Prozess kann man nicht abkürzen, aber eines Tages kommt der Moment, in dem wir innehalten und Gott für diese Ereignisse danken können. Manche Menschen kommen allerdings nie an diesen Punkt.

Traumatische Erfahrungen bleiben traumatisch, ganz gleich, ob es sich um Arbeitslosigkeit handelt, um einen Überfall, ein ertrunkenes Kind, einen Ehepartner, der einen verlassen hat, Eltern, die nicht mehr mit ihrem Kind sprechen, oder finanziellen Ruin. Jede dieser Situationen ist eine Katastrophe.

Wenn Sie nach einer solchen dramatischen Veränderung eine Zeit der Leere durchleben, haben Sie vielleicht das Gefühl, Gott habe Sie verlassen oder Sie selbst hätten sich von Gott abgewandt. Die gute Nachricht ist: Die Leere dauert nicht ewig! Sie ist nur eine vorübergehende Phase nach einer dramatischen Veränderung.

Um Menschen, die dies erleben, zu helfen, stelle ich manchmal die Frage: „Wann fühlten Sie sich Gott zuletzt nahe?“ Wenn Sie feststellen können, wann das war, dann ist das wahrscheinlich auch der Punkt, an dem Sie wieder ansetzen müssen. Sie müssen zurückdenken, den Meilenstein näher betrachten und sich darüber klar werden, dass sich die Regeln geändert haben. Sie müssen sich vorwärtswagen – aber unter veränderten Bedingungen.

Der neue Meilenstein steht da wie eine Markierung, die sagt: „Die Straße, auf der Sie bisher unterwegs waren, ist jetzt gesperrt. Hier ist Ihre neue Straße. Folgen Sie ihr bis zum nächsten Meilenstein.“

Wenn wir den Meilenstein einmal akzeptiert haben, können wir neue Zuversicht gewinnen und die Gegenwart aktiv gestalten. Doch wenn wir uns von den Ereignissen oder Umständen überwältigt fühlen, können wir das normalerweise nicht.

Wir können uns die Brücken, über die wir gehen, meistens nicht selbst aussuchen. Wir können nur auf Gottes Gnade vertrauen, die uns durch solche Veränderungen hindurchträgt. Für diese Situationen verspricht Jesus: „Zum Abschied gebe ich euch den Frieden, meinen Frieden, nicht den Frieden, den die Welt gibt. Erschreckt nicht, habt keine Angst!“ (Johannes 14,27; Gute Nachricht).

In den vergangenen Jahren habe ich Hunderte Male darüber nachgedacht, wie mein Leben wohl verlaufen wäre, wenn ich mich damals anders entschieden hätte und auf einer anderen Strecke nach Hause gefahren wäre. Jede Entscheidung hat Folgen. In dem Moment, in dem wir sie treffen, mag sie harmlos erscheinen, zufällig oder unbedeutend. Die meisten Entscheidungen sind dies auch. Aber man weiß nie, wann man einmal eine Entscheidung trifft, die das ganze Leben auf den Kopf stellt. Manche Entscheidungen treffen wir selbst (Sie können beispielsweise heute entscheiden, wo Sie nach dem Tod einmal sein werden), ein anderes Mal greift Gott ein, und manchmal wissen wir einfach nicht, warum uns etwas zugestoßen ist.

Doch in keinem Fall hilft uns das „Hätte". Vielmehr müssen wir der Tatsache ins Auge sehen – und das ist vielleicht das Schwerste –, dass wir über die Brücke gegangen sind und jetzt auf der anderen Seite stehen. Jetzt müssen wir uns selbst fragen, wo wir hingehen. Wir wissen, wo wir herkommen. Dort hat es uns vielleicht gefallen, aber wir können nie wieder dorthin zurück. Wir stehen an der Schwelle unseres neuen Lebens und wissen, dass wir nur vorwärtsgehen können.

Worauf richten wir uns aus? Wir wissen, was wir nicht wollen: uns in Selbstmitleid ergehen und uns selbst fremd sein. Aber was wollen wir dann? Wohin gehen wir?

Trotz der Gegebenheiten, mit denen wir jetzt klarkommen müssen – dazu gehören vielleicht körperliche Beeinträchtigungen, ganz sicher Schmerz über einen Verlust, Verwirrung und Wut wegen dem, was wir durchgemacht haben –, müssen wir immer noch eine Entscheidung treffen: Worauf wollen wir unser Leben jetzt ausrichten? Wenn wir klug sind, wechseln wir von einer zeitlich begrenzten Perspektive unseres Lebens zu einer ewigen: Wir vertrauen Gott unser Leben an und bitten ihn, dass er es erfüllt. Dann dürfen wir wissen: Egal, über wie viele schwere Brücken wir in diesem Leben gehen, nach der letzten Brücke – dem Tod – werden wir für immer bei ihm sein.

FSC
www.fsc.org
MIX
Papier aus verantwortungsvollen Quellen
FSC® C014496

Verlagsgruppe Random House FSC® N001967
Das für dieses Buch verwendete FSC®-zertifizierte Papier
Munken Premium Cream liefert Arctic Paper Munkedals AB, Schweden.

1. Auflage 2014
Bestell-Nr. 816978
ISBN 978-3-86591-978-6

Bearbeitung: Delia Holtus, Saskia Barthelmeß, Nicole Schol
Umschlaggestaltung: Hanni Plato
Umschlagfoto: © Getty Images, ooyoo
Foto Innenteil: Shutterstock
Satz: Vornehm Mediengestaltung GmbH, München
Druck und Verarbeitung: GGP Media GmbH, Pößneck
Printed in Germany